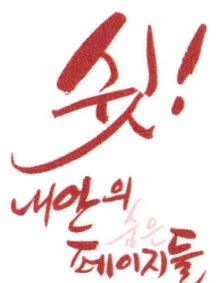

이 책은 저작권법에 따라 보호받는 저작물이므로 무단전재와 무단복제를 금지하며, 이 책 내용의 전부 또는 일부를 이용하려면 반드시 저작권자와 동문사의 서면동의를 받아야 합니다. 무단전재나 무단복제 행위는 저작권법 제136조(벌칙)에 의거, 5년 이하의 징역 또는 5천만 원 이하의 벌금에 처하거나 이를 병과할 수 있습니다.

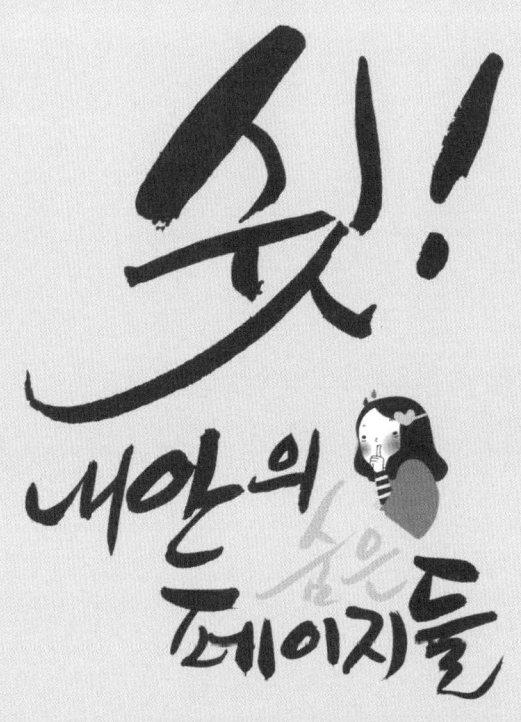

쉿! 내안의 숨은 페이지들

조은하 · 이경희
김미옥 · 이정례
박종남 · 김해연
김나경 · 박양덕
손길연 · 김명희
배미경 · 조정자
김현숙 공저

dm 동문사

 프롤로그

쉿! 내안의 숨은 페이지들을 펴내며…

회장 | **조은하**

　함께 배우고, 서로 나누고, 즐기면서 배우고, 배워서 남을 주는 만학도 사회복지사! 우리는 지금 사회복지사의 길을 가기 위해 한 걸음씩 나아가고 있다.
　꿈에 그리던 대학 생활과 유니온 동아리는 우리들의 격을 바꾸어 놓기에 충분했다.
　만학도의 길에 들어선 것도 어쩌면 우리 동아리와의 인연을 이어주기 위한 것이 아니었을까?
　사회복지학부의 태산이신 한승협 학부장님의 배려와 담당을 자처하신 살신성인 이정식 교수님의 지도하에 SW 유니온 동아리는 부산여자대학교 최초로 사회복지학과생 4명이 모여 집행부를 결성하였다. 사회복지학과 학생의 학습자질 및 역량 강화에 목적을 두고 사회복지에 해당하는 영어 SW(Social Welfare)와 문학, 동영상 편집, 토론기술의 3가지 배움을 조합한다는 유니온(Union)을 합성해 동아리 이름을 지었다.

동아리의 첫걸음으로 규약을 만들고, 총괄 튜터와 글쓰기 튜터, 그리고 총무 등 집행부가 함께 모여서 회원모집도 하였다. 동아리 활동이 시작되면서 주어진 짧은 시간에 유명한 명 강사님들의 초청도 이루어져 우리들의 역량도 한층 더 강화되었다. 자서전이라는 먼 나라 이야기 같은, 어쩌면 무게도 없는 자존심에 남편과 자식에게도 하지 못하고 묻어둔 고름 보따리를 터뜨리며, 한 줄 한 줄 써 내려가면서 울다가 웃기를 반복하다 보니 노트가 채워지고 있었다. '마음이 아파 더는 쓰고 싶지 않다'라는 총무의 삶이 녹아든 이야기에 모두 눈물바다가 되기도 했었다. 파노라마처럼 스쳐 지나가는 발자국의 깊이를 가슴으로 어루만지며 나름의 글쓰기 역량의 곳간도 나도 모르게 조금씩 차곡차곡 쌓여 가는 것을 느꼈다.

강의실에서 수업 중 나 자신도 모르게 교과서 위에 떨어지는 후회의 눈물을 닦으며 '왜 내가 여기에 있는 걸까?' 나는 왜 검정고시를 치르지도 않고 학력 인정을 받지 않았을까? 하고 스스로 반문도 해 보았지만 늦게나마 올바른 길을 선택한 나의 용기에 감사함도 느낀다.

올해 초에 강원도 축제에 다녀오면서 손금을 본 적이 있었다. 올해는 자신이 외부에 많이 알려지겠다고 쓰여 있어서 대수롭지 않게 생각했는데 아마 오늘 이런 자리를 예견해 준 것 같다는 생각이 든다. 천 원짜리 휴게소 족집게 머신이지만 사람을 참 기분 좋게 하는 것 같다.

이제 걸음마를 시작한 SW 유니온 동아리가 1호 출간에 그치지 않고 2, 3호 계속 출간되어 부산여대의 전통으로 이어지기를 기도하는 마음이다. 장독 안에 오랫동안 꾹꾹 눌러 담아 묵힌 장아찌처럼 발효되어, 우리들의 봇물 터진 무지갯빛 인생 이야기가 미각을 자극하는 글로써 자서전에 담아지기를 바라며 앞으로 지역 사회 요소요소에서 긍정적인 효과를 낼 수 있는 우리의 선후배들에게 용기와 희망의 메시지가 되기를 간절히 소망한다.

윗줄 좌측부터

조정자, 박양덕, 김현숙, 김해연, 손길연, 박종남

아랫줄 좌측부터

이정례, 조은하, 김나경, 이경희, 김미옥

차 례

[프롤로그]
조은하 | 회장 쉿! 내안의 숨은 페이지들을 펴내며 … _ 5

제1부   새로운 나를 찾아서

이경희   세상은 꿈꾸고 행동하는 자의 것   13
김미옥   개도 안 물어갈 이놈의 팔자! _ 29
이정례   덤 인생! 배움 통해 나아가리라 _ 41

제2부   졸업장이 주는 의미

조은하   진정한 배움을 통해 참된 나를 찾다 _ 53
박종남   졸업장의 의미 _ 69
김해연   그리운 내 부모가 나를 성장시켰다 _ 85

제3부 배움으로 깨달은 건

김나경 내 안의 소리를 외면하지 않은 이유 _ 101
박양덕 비로소 배움으로 행복하다 _ 117
손길연 꿈은 이루어지고 있다 _ 125
김명희 아픔의 조각들이 나를 성장시킨 자양분 _ 137

제4부 나에게 가족이란

배미경 엄마를 빛나게 한 초록 거북이 _ 145
조정자 인생 최고의 선물은 바로 오늘! _ 163
김현숙 첫사랑은 인생의 동반자 _ 175

【에필로그】
이경희 | 총괄 튜터 우리도 빛나는 별이 되고 싶어요 _ 189

【응원의 글】
한승협 | 부산여자대학교 사회복지학부장
　　　　아픔을 승화시킨 통한의 용설란 _ 196
이수연 | 사회복지학부 학회장
　　　　삶은 나를 찾는 당당함과 채움으로 _ 199
이미경 | 사회복지학부(경영전공) 학회장
　　　　우리가 갈망하며 달려온 이유는 _ 203
이정식 | 유니온 동아리 지도교수
　　　　나를 찾아서 역린의 마음을 극복하자 _ 206

제1부

새로운 나를 찾아서

이경희
김미옥
이정례

쉿! 내 안의 숨은 페이지들

이경희

MBTI상 세계적으로 2%만 존재한다는 흔치 않은 유형으로 냉철하고 객관성을 중요시하게 여기며 관찰력이 대단한 일명 '나쁜 놈'의 대명사라 불리는 INTJ유형인 난 하루하루를 불꽃 같은 삶을 영위하고 있다.

세상은 꿈꾸고 행동하는 자의 것

2학년 | 이경희

갑자기 방안이 새하얗게 변하기 시작한다. 눈앞의 물건들이 빙글빙글 돌고 팔과 다리에 힘이 풀려 서 있을 수가 없다. 바닥에서 올라오는 거센 불술기가 순식간에 허리까지 차오르더니 어느새 온몸을 삼킨다. 허우적거리며 아무리 발버둥을 쳐도 나올 수 없는 그곳은 고통 그 자체다. 이때부터 들이쉬는 숨은 가슴 한가운데 있는 벽에 막혀 아무리 쉬려고, 쉬려고 해도 쉬어지지 않는다. 심장이 터져 죽음을 경험한 후에야 평온이 찾아온다.

나는 오래전부터 공황장애를 겪고 있다. 요즘은 공황장애가 자주 찾아온다. 촉촉하게 내리는 비가 마른 대지의 목마름을 적시는 어느 날이다. 출근을 앞두고 갑작스러운 발작으로 정신을 차릴 수 없다. 옛날엔 발작 증세가 있어도 금방 회복되더니 요즘은 몸을 지탱하는 것조차 어려워 한동안 누워있어야 한다. 당장 출근해야 하는 냉혹한 현실은 앉아있는 것조차 힘든 나를 일으켜 세운다. 질질 끄는 발걸음으로 회사를 향하는 지금, 힘겨움을 넘어 비참하기까지 하다. 이 생활이 내가 사는 현실이다.

그날은 학교가 운영하는 카페에서 '유니온' 동아리 회원들과 회의하는 중이었다. 순간 머릿속이 '피잉' 소리 내며 도는 것이 발작 증세의 시작임을 직감한다. 비상약을 꺼내어 얼른 먹었지만, 사태는 이미 벌어진 후다. 온몸은 경직되어 바닥에 쓰러져 뒹굴고 턱밑까지 차오른 숨은 제대로 쉬어지지 않는다. 얼굴까지 하얗게 사색이 되니 주위에 있던 동아리 회원들이 깜짝 놀란다. 가슴을 움켜쥐고 헉헉대며 스스로 안정하려 두 손을 꼭 잡은 채 발을 동동거렸다. 어찌할 바를 모르는 상황에서 동아리 회원 중 누군가가 119를 불렀다. 의식을 잃어가는 중에도 "회사 가야 해요"라며 같은 말만 되풀이하니, 보다 못한 119구급대원이 회사에 전화를 걸었다. "도대체 어떤 회사이기에 이런 상황에서도 출근해야 한다고 그러는지. 참나!" 어이가 없는지 전화를 끊고는 혀를 끌끌 찬다. 이 소란으로 인해 아무에게도 알리고 싶지 않았던 공황장애를 학우들은 알게 되었다.

10여 년 전 4월, 그날은 초등학생이던 딸과 함께 교회의 행사에 참석했다. 예배보기 직전 전화가 왔다. 예배 시간이라 전화하면 안 된다는 것을 너무나 잘 아는 친구다. 왠지 알 수 없는 불안감이 감돈다. 당장 장유경찰서로 오란다. 울먹거리는 친구 목소리에 내 마음이 요동치기 시작한다. 떨리는 목소리를 애써 감추고 "무슨 일

있나? 뭔 일인데? 울지 말고 빨리 이야기 좀 해 봐라." 다그치니 "경희야! 경아한테." 친구는 다시금 숨을 삼킨다. "놀라지 말고 들어라. 경아가, 경아가" 순간 커다란 화살이 '쒸이익' 소리를 내며 내 심장에 꽂힌다. '동생 경아가 죽었다.' 수화기 저편의 친구 목소리는 더는 들리지 않는다. 머릿속이 새하얗게 되고 온몸은 경직되어 버렸다. 바르르 떨다 그만 들고 있던 핸드폰을 떨어뜨렸다. 옆에서 보고 있던 딸이 놀라 얼른 주워 자기 품에 꼭 감싼다. 핸드폰이 엄마에게 가면 더 힘들까 봐 그랬단다. 딸과 함께 부둥켜안고 얼마나 목 놓아 울었던가. 교회 식구들이 걱정하며 위로했지만, 그 순간 그토록 사랑했던 하나님을 원망했다. 그 후로 한동안 교회에 발걸음을 끊었다.

동생 경아가 죽기 2년 전, 경아에게서 한 통의 전화가 왔다. 평소 연락이 뜸했기에 무슨 일이 있냐며 묻긴 했지만 의아했다. 네 명의 남매 중 나는 장녀이다. 경아는 셋째로 우리 중에서 자존심이 가장 강한 아이였다. 그런 경아가 전화를 한 건 돈을 빌리기 위해서였다. 내 사정을 잘 알고 있는 터라 쉽게 전화하는 아이가 아니다. 그때 알아야 했나? 경아의 삶도 나만큼 힘들었는지를. 불안정한 직업으로 인해 빚에 허덕이던 비참한 나날들, 화려하던 자신이 점점 사라지고 있는 것에 대한 자괴감, 설상가상 사귀던 남자의 배신, 그 외 많은 일을 부수고 싶어도 부서지지 않는 단단한 벽이 되어 경아를 사지로 몰았을 것이다. 가슴 한편이 시려온다. 뻥 뚫린 가슴은 아무리 채우려 해도 채워지지 않는다. 이제 더는 경아를 볼 수 없다.

 불현듯 세상 등진 경아를 떠올린 건 글을 쓰려고 고민하면서부터다. 지금 나는 글을 쓰고 싶은 생각이 들지 않을 만큼 힘든 마음을 지니고 있다. 아침에 눈을 뜨니 전날의 고단함을 알리듯 삐걱대는 소리가 관절 마디마디에서 들린다. 나는 화장을 짙게 한다. 밤늦도록 일하여 칙칙해진 얼굴을 감추기 위함이다.

 '지이잉' '지이잉'

 '누굴까?' 아침 일찍 학교의 현장 실습 가기 위해 화장하는 중 울리는 전화벨 소리다.

 "여보세요"

 "경희야" '유니온' 동아리 조은하 회장의 목소리는 다급하다. 내가 글쓰기를 멈췄다고 생각하는 모양이다.

 "아, 언니" 회장의 전화를 받으며 말끝을 흐렸다.

 "경희야, 글은 쓰고 있는 거니?"

 "아니요, 글이 쓰이지 않아요. 어떻게 하면 좋을까요?"

 "어휴! 다른 회원은 몰라도 '유니온'의 핵심인 너조차 이러고 있으면 어떡하니? 글은 마음에서 쓰는 건데 지금 너의 힘든 마음을 글로 표현해 봄이 어떻겠니?" 힘든 내 마음? 이 마음은 경아가 죽음을 선택할 수밖에 없었던 그 마음일까? 경아를 그렇게 보내고 난 후 우리 가족에게는 크고 작은 변화가 일어났다. 나는 밤마다 악몽에 시달리며 경아를 좀 더 알려고 하지 않았던 그 시간 속에 나 자신을 가두어놓은 채 우울 속에 빠져 허우적거렸고, 바로 밑

동생 경주는 경아를 비참하게 보내버린 죄책감에 탄식하며 한동안 술로 지새웠다. 수년 전 막내 경일이를 가슴에 묻고 또 경아를 보내야만 하는 엄마의 기구한 운명은 평생을 일구며 살아온 터전을 버리게 했다. 모든 걸 내려놓고 연고지 없는 양산으로 이주한 엄마를 생각하니 나는 살아야만 했다. 나의 삶으로 사는 것이 아니라, 사랑하는 사람을 위해서 꾸역꾸역 버텨내야만 했다. 공황장애는 우울증과 함께 그때부터 시작됐다.

일과를 마무리하고 축 처진 어깨와 돌덩이처럼 무거운 다리로 한 계단 한 계단 오르며 들어선 집은 어둠만이 외로이 나를 반기고 있다. 찌든 얼굴 감추기 위해 짙게 바른 화장 지울 힘조차 없이 베개에 코 박고 자기 일쑤다. 몇 년 전 골절당해 철심 박힌 다리로 넓디넓은 푸른 잔디를 누비고 다녀도 아프단 말 한마디 할 수 없다. 이놈의 인생은 언제쯤 어둠 속에서 벗어나 햇살 아래 있을 수 있을까? 항상 일에 치이고 시간에 쫓기며 살아야 하는가? 세상살이 참 힘들다는 생각이 절로 드는 밤이다. 하지만 높은 상공을 비상하기 위해 잠시 움츠리고 있는 파랑새를 꿈꾸기에 고된 하루를 뒤로한 채 잠자리에 든다.

'쏴아' 하루 내내 세차게 내리는 비는 회사 가기 싫어하는 내 마음의 소리다. 오늘따라 유난히 핸드폰의 '카톡' 소리에 민감하게 반응하며 혼잣말로 수없이 되뇐다. 회사에 휴장 소식이 없냐!

비가 오는 날 고객은 진상이 된다. 그러면 덩달아 나도 예민하게 반응한다. 고객은 비가 옴에도 불구하고 "왜 점수가 안 나오고 공이 잘 맞지 않냐!"라며 온갖 탓을 나에게 퍼붓는다. 맑은 날도 고객의 까다로운 요구를 맞춰주는 건 쉽지 않다. 하물며 뺨을 강타하는 거센 빗속에서 터무니없이 쏟아내는 짜증을 받아낼 때 내 마음은 감정 쓰레기통이다. 나는 비록 비에 흠뻑 젖어 물에 빠진 생쥐 꼴이 되더라도 진흙이 잔뜩 묻어 더러워진 고객의 골프채만큼은 온몸으로 감싸 비에 젖지 않게 해 주어야 한다. 비참하다. 골프채보다 못한 나의 처지. 어느새 생기 가득했던 모습은 몽글몽글 연기되어 사라진다. 비참함에 굳어버린 얼굴엔 설움 가득 실은 눈물이 퍼부어 대는 비와 함께 섞여 흘러내렸다.

나는 직업이 두 개다. '캐디'라는 직업과 '학생'이라는 직업이다. 프로필의 직업란엔 '캐디'라 기재하지 않고 '학생'이라는 포장한 나를 기재한다. 특수직으로 분류된 '캐디'란 직업을 세상은 색안경을 끼고 본다. 나 또한 그런 편견을 가지고 있기에 노출되는 것을 꺼린다. 그러기에 자정이 넘도록 일해 피곤한 몸일지라도 책상 앞에서 공부하는 것일 수 있다. 이 일을 시작한 지 20년이 되어 간다. 세상은 '인권신장'이니 '근로자 권익'이니 하며 외치고들 있지만, 이곳은 아직 쌍팔년도 추한 의식이 여전히 존재한다.

얼마 전 심한 성추행을 당한 신입 캐디가 나에게 다가와 자신의 문제를 어떻게 해결하면 좋을지 조용히 의논했다. 그녀의 이름은 진이다. 상냥하고 웃음이 넘쳤던 진이는 고객들에게 인기 많은 아이다. 진이는 얼굴도 이쁘지만, 환한 미소를 머금으며 인사를 하는 모습이 더 이뻐 보인다. 언제나 밝고 활발했던 진이가 나를 찾아온 그 날은 얼굴에 근심이 한가득하다. 잠시 머뭇거리던 진이는 이내 얼굴이 상기 되어 고객이 자신에게 했던 행위들을 피 토하듯 쏟아 낸다. 어느 날 사업체를 물려준 뒤 골프 치는 것이 낙인 70대 고객을 진이가 응대하게 되었단다.

"니 얼굴을 보니 남자 친구 있겠네. 요즘 애들은 남자를 사귀면 무조건 잠부터 잔다던데, 니는 해봤나? 그래, 해봤으면 어떤 포즈로 하는데. 하고 나면 좋더냐? 남자 친구하고 하는 거 만족하나? 남자 친구가 만족하게 해 주나?"

그 말을 듣는 순간 나의 정신은 몽롱해지고 가슴엔 굵은 대못이 박힌 듯 먹먹해지며 들끓는 분노를 감출 수가 없다. 그러나 더 참을 수 없는 것은 회사가 처리하는 방법이다. 진이가 그 일을 당하고 왔을 때 회사는 위로는커녕 "어떤 방법을 원하냐?" "합의를 원하냐, 아니면 사과를 원하냐?"라고 묻더란다. 사건을 빨리 무마시키고 싶은 회사의 의도다. 진이는 가슴속에 흐르는 피 끓는 눈물을 감추며 작지만 강렬한 목소리로 "사과를 원합니다. 그것도 진심 어린 사과요!"

그러겠노라 약속한 회사였지만 정작 그 고객과 만남을 주선하는 과정에서 합의를 종용한다. 합의하고 싶은 생각이 전혀 없어 성폭력센터에 신고하겠다고 하는 진이의 입장은 전혀 고려하지 않는다. 회사의 생각은 고객의 사회적 위치, 골프장에 미칠 악영향뿐이다. 책임지지 않고 회피하는 회사 모습에 좌절한 후 나를 찾은 것이다. 다른 선배에게 의논하면 똑같은 말만 되풀이한다고 했다. "그만한 일로 상처를 받는다면 이 생활을 오래 못한다. 마음 단디 묵고 참아라. 그러다 보면 이 일이 평범한 일상 중 하나가 될끼다."

수년 전 나도 비슷한 일을 당한 적이 있다. 성추행당하고 들어와 북받쳐 오른 설움의 눈물을 쏟아내고 있을 때다. 그때 동료들도 똑같은 말을 했다. 울분에 차인 분노를 토해내고 있었지만, 그 누구도, 어떤 제도도 나의 억울한 사연을 들어주고 해결해 주려 하지 않았다. 부당함을 당해도 참고 견디어야 하는 것이 우리의 현실이라고 다들 이야기하니 순응할 수밖에 없었던 거다. 스스로 알에서 깨어나지 못하고 우리가 당하는 부당함을 평범한 일상으로 만들어 버렸던 소심함이 너무 큰 후회가 되어 나를 억누르고 있다.

진이에게 막중한 임무를 주었다. "우리는 순응했지만, 패기 있는 너는 목소리를 내라. 너의 작은 목소리 하나하나가 모이면 우리를 바꿀 수 있는 불씨가 될 것이다." 함께하겠다고 약속했지만, 결국 진이도 이겨내지 못했다. 그리곤 이곳을 떠나서 오랜 꿈이던 발레를 다시 하겠단다.

마지막 근무를 마친 늦은 밤, 그녀와 함께 전등불만 덩그러니 남아 있는 노포동 시외버스 대기실에서 쓰디쓴 커피를 마셨다. 그녀는 울분을 감추고 넋두리하듯 이야기한다. "거대한 공룡과 맞섰지만 결국 한없이 약한 자신을 발견했기에 포기하는 거라고. 목소리를 내어보겠단 나와의 약속을 지키지 못해 미안하다"라고. 그냥 말없이 그녀를 꼭 껴안아 주었다. 아니 어쩌면 그녀처럼 세상과 회사에 순응할 수밖에 없었던 나 자신을 안아주었는지 모른다. 이렇게 우리의 목소리는 시작도 못 하고 허공에 흩어져 버렸다.

그렇게 우리는 헤어졌다. 우리는 각자의 자리에서 짊어진 인생의 멍에에 순응하며 살 것이다. 그렇지만 나는 그녀를 걱정하지 않으련다. 스스로 알을 깨고 나올 힘을 자신의 자리에서 반드시 키울 것이라 믿고 싶기에.

7월도 이제 중순으로 향해 가고 있다. 7월은 동남아 지방의 우기처럼 수시로 비를 뿌리며 우리를 대기 인생으로 만들고 있다. 오늘도 먼 곳에 사는 동료가 출근해야 할지 말지를 전체 카톡에 몇 번이나 올리고 있으나 회사는 며칠 전과 같이 명확한 답을 주지 않는다. 단체 카톡을 계속 수시하고 있다. 마지 굶주린 개가 먹이를 쥐고 있는 주인을 애절하게 바라보듯. 출발을 알리는 핸드폰의 알람은 자꾸 울리지만, 천근만근 같은 나의 발은 쉽사리 움직이지 않는다. 며칠 전에도 많은 비가 내렸지만, 회사는 끝까지 휴장을 미루며 비가 잦아들길 기다렸다. 오늘도 여전히 명확한 답이 없어 어쩔 수 없이 회사로 향한다. 투덜거리며 회사로 가는 중 휴장 소식이 전해진다. 빗속에서 일하지 않아 좋긴 하지만 휴장을 늦게 결정지은 회사로 인해 기름 낭비, 감정 낭비 탓에 짜증이 확 올라온다. 그래도 좋다. 노동자들에겐 눈물 젖은 빵이 설움의 상징이듯 우리에겐 물에 젖은 돈이 그 상징이다. 다시 발걸음을 집으로 돌리며 대기 인생의 설움을 내리는 빗속에 흘려보낸다.

2022년 5월 1일 오전 6시 반, 여느 날과 다름없는 출근 준비에 바쁜 아침이다. '쿠당탕 탕' 세수를 마치고 수건을 향해 손을 뻗는 순간, 갑자기 왼쪽 다리에 힘이 스르르 풀리며 미끄러지고 말았다. 대수롭지 않게 생각하며 일어나려는데 왼쪽 대퇴부와 골반 사이에 느껴지는 통증이 직감적으로 이전과는 다르다는 것을 느꼈다. 움직여지지 않는 다리를 질질 끌고 화장실을 나오는데 가슴 깊숙이 숨겨져 있던 설움이 '엉엉' 소리를 내며 터져 나온다. 이 눈물은 너무 아파 흐르는 어린아이 눈물일까? 또다시 닥친 시련을 극복해야 하는 나에게 던지는 통탄의 눈물일까? 얼마나 울었는지 온 얼굴엔 눈물로 범벅이 되어 꼴이 말이 아니다. 일으켜지지 않는 왼쪽 다리를 성한 오른쪽 다리로 겨우 지탱하며 주섬주섬 옷을 챙겨 입고 택시를 불렀다. 기다시피 하여 택시 쪽으로 가고 있으니 기사님이 보고 흠칫 놀라 나에게 뛰어온다. 가는 내내 통증으로 끙끙거리는 나를 본 기사님은 병원 입구에 다다를 때쯤 "젊은 처자 혼자서 어떻게 감당할 거요?"라고 한다. 기사님의 염려 섞인 한마디가 다시금 눈시울을 젖게 한다. 흐르려는 눈물을 억지로 감추고 "씩씩하게 잘 이겨낼게요. 걱정해 주셔서 감사합니다"라고 나 자신에게 위로하듯 건네고는 휠체어에 몸을 싣고 응급실로 향한다. CT 촬영후 대퇴부가 심하게 골절되었단 말을 듣는 순간 눈앞이 깜깜하다. 그길로 응급수술을 받았다. 부스스 눈을 뜨니 마취가 풀리고 있는지 수술한 부위의 아픔이 물밀듯 밀려온다. 코로나 이후 생긴 통합

간병인 병실에 입원하며 보호자가 필요 없게 되었지만 혼자 견디어야 하는 아픔과 외로움은 오롯이 나의 몫이다. 뒤늦게 도착하신 엄마는 딸내미 얼굴조차 볼 수 없으니 얼마나 가슴이 무너졌을까? 그 후로 일주일은 수술의 후유증과 싸워야 했고, 앞만 보고 뛰어만 왔던 내 삶은 정지 되어 버렸다. 어쩔 수 없이 누워 지내는 시간이 길어지자, 삶에 대한 회의가 파도치듯 밀려온다. '내 인생은 이리도 고단해야만 하나?' '행복은 나의 몫이 아닌가?' '앞으로도 이런 삶의 연속일까?' 고민이 깊어질수록 현재의 삶이 벽이 되어 가슴 한편이 먹먹해진다.

진달래, 개나리 피는 2023년 3월, 부푼 가슴 안고 대학에 입학했다. 학교 교정을 거닐고 있으니 얼굴 가득 핀 웃음은 흩날리는 벚꽃같이 화사하다.

"경희가 왔다. 경희야, 여기 와서 우리 좀 도와줘."

교실에 들어서니 갑자기 우르르 몰려온 언니들로 인해 깜짝 놀라 뒷걸음질 친다. 전날 학교에서 LMS, 홈페이지 등을 설치해야 하는 과제 때문이다. 핸드폰을 잘 사용하지 못하는 언니들은 나를 기다리고 있다가 학교 관련 프로그램 설치를 부탁한다. 그렇게 언니들의 부족한 부분을 도와주며 학교에서 나의 존재가 서서히 부각 되었다.

대학 생활은 이처럼 활발하게 시작되었지만, 입학을 고심하던 때가 있었다. 퇴원 후 집에서 요양하며, 고민의 시간을 보내던 어느 날. 무료한 일상을 깨우는 전화 소리에 통화버튼을 누른다.

학교에서뿐만 아니라 실생활 중에서도 많이 활용되는 파워포인트 사용법과 SNS 활용법 일부를 동아리 회원들에게 설명하고 있다.

"경희 씨, 잘 지내고 있나요?" 최근 요양보호사 학원에 다니는 친한 지인이다. 간단히 인사를 건네더니 대학 이야기를 꺼낸다.

"경희 씨, 혹시 대학에 갈 생각해 본 적 있어요?"

"대학요? 아니요, 한 번도 해 본 적 없어요!"

얼마 전 대학 홍보 전단을 우연히 보고 그곳에 전화를 걸어 봤단다.

"이번 주에 입학 면접을 보기로 했는데, 경희 씨도 대학에 가는 것을 한번 생각해볼래요?"

"아~! 한번 생각해볼게요. 면접 보시고 연락해 주세요."

'대학이 가슴 한편에 있는 현실의 벽을 넘어 다른 세상으로 향해 나아가는 탈출구가 되지 않을까?' 순간 이런 생각이 머릿속을 관통한다. 그날 걸려 온 전화 한 통이 내 인생에 새로운 전환점이 되길 기대하며 면접에 응하기로 마음먹었다.

부산여자대학교에 면접 보기 위해 비록 목발에 의지하여 가고 있지만, 발걸음은 구름 위를 걷는 듯 가볍기만 하다. 그렇게 알 수 없는 운명의 이끌림으로 대학 생활은 시작되었다. 돌이켜보면 '다리를 다치지 않았다면', '인생을 뒤돌아보지 않았다면', '지금껏 살았던 삶이 후회로 남지 않았다면' 새로운 삶을 꿈꿀 수 있었을까?

희망찬 꿈을 꿀 수 있게 하고 용기를 심어주는 곳, 나에게 대학은 그런 곳이다. 대학의 공부는 지금까지 내가 알던 사지 택일의 수동적 공부가 아니었다. 과제를 수면 정답을 찾기보다 해답을 찾아가는 과정을 알게끔 했고 그 해답에 대한 개인적인 의견을 제시하게 했다. 또 나와 다른 자율적인 의견이 틀림보다는 다름이라는 것을 알게 했으며, 고정관념과 편견에서도 벗어나게 해 주었다. "삶의 질은 현재에 머물러 있으면 절대 나아질 수 없다. 나에게 놓여 있는 환경을 새로이 정비하여 목표를 하나씩 이루어 가는 과정에서 높아지는 것"이라는 어느 교수님의 말씀이 나에게는 지표가 되어 푸른 잔디를 뛰어다니고도, 무거운 눈꺼풀을 억지로 붙들고도 다음날의 고단함을 온몸으로 느끼면서도 새벽이 될 때까지 책상 앞에 앉아있을 수 있었다. 정말 열심히 공부했다. 그 과정에서 내 속에 숨겨진 자아도 찾았다. 세상의 시름을 잊게 할 만큼 그 가치는 충분했다. 그래서 나는 행복했다.

배움이란 어떤 어려움에 부딪혔을 때 슬기롭게 헤쳐나가는 법을 깨닫는 과정이 아닐까? 그 깨달음은 인생을 가장 행복하게 해석하는 법을 터득하는 것이다. 대학에서의 배움은 지적 성장을 이루게도 했지만 진정한 나 자신을 찾을 수 있게 했다. 진정한 자아는 치부라 여겼던 공황장애를 인생의 벗으로 삼을 수 있게 용기를 주었고, 그동안 느꼈던 직업에 대한 사회적 편견에서도 벗어나게 해 주었다.

지금껏 난 깃털의 흔적만 남기고 사라진 파랑새를 찾으려 내 마음 밖으로 나가려고만 했다. 그때는 몰랐다. 파랑새는 멀리 있지 않고 내 마음속에서 늘 나와 함께 있었음을. 살아보니 후회는 기회가 되고 좌절은 희망이 되어, 그렇게 그렇게 살아지더라. 인생은 그런 것이더라. 지나온 어제가 후회로 남을지라도 내일의 당당한 나로 살기 위해 오늘도 난 열정을 쏟을 것이다. 다시금 역경이 찾아올지라도.

오늘도 여느 때와 다름없는 늦은 밤이다. 일은 고달프고 몸은 천근만근이다. 희미한 가로등만이 남아 있는 골프장 주차장을 무거운 다리로 터덜터덜 걷고 있다. 고단한 삶은 끝이 없고 공부하고 학문을 익힌다고 크게 달라지지 않는다.

매일 반복되어 달라질 것 없는 삶이라도, 매일 무너지고 주저앉고 싶더라도, 매일 실패하더라도 이제는 상관없다. 인생을 가로막는 벽과 마주쳤을 때 그 벽을 두려워하지 않고 뚫고 나아간다면 인생의 가장 멋진 주인공은 바로 나다. 이 세상은 꿈꾸고 행동하는 자의 것이기에.

쉿! 내 안의 숨은 페이지들

김미옥

부산 태생 토박이로 연꽃 같은 향기를 머금은 소소한 행복을 글로써 공감과 웃음을 전하며 이타적인 삶을 실천하고픈 꿈을 가진 나

개도 안 물어갈 이놈의 팔자!

1학년 | 김미옥

내 나이 6세 때 아버지가 세상을 떠났다. 33세의 젊은 나이에 우리 가족들을 남겨두고 떠났는데 당시 엄마 나이가 29세였다. 아버지 없던 우리 집은 매우 가난했고 힘들었다. 엄마는 늘 나에게 의지했고 나는 당연한 듯이 책임감을 느끼며 살았다. 엄마는 "너는 나의 아들이고, 남편이고, 친구이고, 딸이다"라고 가끔 넋두리했다. 나는 한복 바느질로 생계를 이어온 엄마를 도와 늦은 시간까지 옷고름을 뒤집고, 치마 테두리를 자르고, 남자 한복 대님을 뒤집고 했다.

그렇게 해도 생활은 좀처럼 나아지지 않았다. 중학교 입학 때 입학금을 제때 내지 못해 등교하지 못하는 줄 알고 세상 무너지듯이 울고 있었다. 엄마는 입학금을 어떻게 맞추었는지 하루 늦게 납부하곤 내 책가방을 머리에 인 채 나를 데리고 학교로 갔다. 그날은 입학식 다음 날이었다. 그렇게 시작된 중학교 시절은 한 달도 빠지지 않고 회비와 공납금을 제때 내지 못해 서무실에 불려 다녔다. 그 과정은 고등학교에서도 그대로 이어졌다.

힘들고 아팠던 일은 세월이 흐르면 어지간히 퇴색되어 기억의 저편으로 사라질 법도 한데 이 기억에서 벗어나질 못했다. 아무리 고생스럽더라도 팔자소관이려니 하고 살았고 팔자타령 하는 삶의 시작에는 언제나 18세 소녀가 서 있었다. 그 소녀는 참으로 예뻤다. 풀 먹인 하얀 카라와 밑이 나팔꽃 모양으로 퍼져 자연스레 주름이 잡히는 플레어스커트의 교복 차림에 하얀 양말을 신은 꽃 같은 여학생이었다.

그 여학생은 돈이란 괴물에 짓밟혀 더는 자라지 못한 채 성장을 멈췄다. 여고 2학년 되면서 학비를 내지 못했기 때문이다. 18세의 여린 자존심에 상처가 난 건지 2학년을 넘기지 못하고 학교를 막 차고 나와 버렸다. 그렇게 멈춘 여고 시절 이후의 시간은 가난한 집 장녀라는 무게를 어깨에 짊어지며 사는 쓰라린 삶의 전쟁터였다.

그래도 가는 곳마다 모든 일에는 최선을 다하니 인정받기 시작했다. 형편이 조금만 나아진다면 공부가 하고 싶었다. 다음 해에는 꼭 다시 공부해야지 하고 마음먹고 살았다. 내 생각을 아는 친척 언니가 어느 부잣집을 소개해 주었다.

초등학교와 유치원 다니는 자매가 있다며 입주해서 아이들 등·하교를 도와주면서 가정교사로 숙제를 가르쳐 주면 월급도 주고 고등학교를 졸업할 수 있도록 해준다는 제안이었다. 월급을 받으면 엄마를 도와줄 수 있고 아이들만 돌보면 학교도 졸업할 수 있다는 말에 그 부잣집으로 들어갔다. 막상 가 보니 아이들 옷 입히고 식사 챙기고 놀아주고 씻기고 재워야 하는 빡빡한 일상이었다. 그냥 아이들 돌보미였으니 가정교사는 번듯한 거짓말이었다. 첫 달은 월급이랍시고 조금 주더니 다음 달부터는 아예 지급조차 하지 않고 자꾸만 미루기만 하여 엄마가 그 주인을 혼내고 나를 집으로 데리고 갔다.

혹독하게 사회 공부를 한 뒤, 자격증을 가지고 있으면 정상적인 월급을 받는 직장 생활을 할 수 있겠다는 생각에 간호조무사 학원을 야간에 다녔다. 사실 초등학교 때 나이팅게일 전집을 읽으며 좋은 간호사가 되고 싶었지만, 대학을 가지 못했던 상황에 대한 선택이었다.

그렇지만 생활고를 겪으며 학원에 다니는 것이 너무 힘들었다. 포기하고 싶었다. 나의 낡은 운동화는 바닥이 얇아져 물이 들어와도 학원비 맞추느라 새 운동화를 살 엄두도 못 내고 있었다. 어느 집 담 옆의 쓰레기통 위에 버려진 가죽 단화가 보였는데 내 신발보다 새것 같았다. 누가 볼세라 두근거리며 얼른 그 신발을 주웠다. 그 신발은 다행히 내 발에 딱 맞았기에 그 신발을 신고 열심히 꿈을 이루러 다녔다.

1년 정도의 과정을 거쳐 자격증을 획득한 후 간호조무사로서 병원 근무를 시작했다. 병원의 온갖 일들을 다 챙겨야 했으니 말만 간호조무사였다. 그러다 보니 책임자의 위치에도 오르게 되었고 환자나 보호자들에게도 신망 있고 인기 있는 간호조무사로 자리를 잡아갔다.

그러나 '학벌'이라는 놈이 항상 내 발목을 잡고 내 목을 누르며 눈에 눈물 맺히게 했다. 병원에서 욕창 환자를 조금이라도 더 도우려고 시간 외에도 보살피며 병원의 필요한 처리와 일도 더 많이 했다. 분명 일은 내가 더 많이 하고 인기도 내가 더 많은데 승진은 대학을 졸업한 정식 간호사에게 돌아갔다. 승진에서 중요한 건 학벌이라는 현실이 너무 슬펐다.

이런 마음들을 달래기라도 하듯이 미약한 나의 힘이라도 작은 보탬이 된다면 행복하겠다는 생각이 들어 지역 노인들과 형편이 어려운 어린이들을 대상으로 봉사했다. 함께하는 인원이 점차 늘어나며 하나의 단체가 될 정도로 커졌다. 작은 사찰에서 수행하는 노스님들의 건강을 보살피는 봉사도 했다. 이 일이 계기가 되어 복지 사각지대에 놓인 어려운 이들을 위한 전문적인 일을 하고 싶었다.

주어진 일에 최선을 다하는 것이 학벌에 대한 자존심 회복인 줄 알고 앞만 보고 달렸다. 사람들은 성장한 나를 실력자로 보며 자신들만의 방식대로 평가했다. 나는 은근히 그 사실을 즐기듯 더 많은 책을 읽고 장르에 상관없이 지식을 습득하다 보니 막힘없는 대화를 하면서 인정받고 살았다.

먼 기억 속의 소녀였던 나는 일이 잘 풀리니 멈춘 성장을 잠시 잊은 채 그것이 행복인 줄 알고 살았다.

29세 때였다. 친한 지인의 보증을 서주었던 것이 화근이 되어 잠잘 곳 없이 거리로 내몰리게 됐다. 결혼한 친구 집 차고에 짐을 맡겨두고 엄마는 외갓집으로, 동생은 기숙사로, 난 근무하는 병원 한구석에서 지냈다. 우린 뿔뿔이 흩어져 지냈지만, 제사가 문제였다.

엄마는 아버지 제사만큼은 지내야 한다고 했다. 우리 집안은 아들이 없었기에 아주 어린 시절부터 제사를 모시는 제주는 나였다. 그동안 제사만큼은 정성껏 모셨다. 어쩔 수 없이 늦은 시간 지내던 병원 한구석에서 제사를 모셨다. 돈이 없어 생쌀과 사과 1개, 과자 1봉지만 차렸다.

제사상에 놓인 영정사진의 아버지는 여전히 33세다. 아버지는 33세의 인자하고 잘생긴 모습으로 지켜보는 듯하다. 엄마는 늘 "너희 아버지만큼 잘생긴 사람은 없다"라고 했다. 엄마 눈의 콩깍지겠지만 사진 속 아버지도 그렇게 보인다. 아버지가 제사에서 나에게 "딸아! 이 또한 다 지나갈 것이니 힘내고 열심히 살아라"라고 말하는 듯이 느껴졌다.

이상한 용기가 생겨 눈물을 거두었다. 보증을 선 빚도 갚고 가족이 모일 방 한 칸이라도 장만해야 한다. 근무시간 외 근무도 자처하고 시간 틈틈이 아르바이트도 하는 등 닥치는 대로 일했다. 가족들이 모여 따뜻한 저녁을 먹는 모습이 부러웠고, 길거리에서 펄펄 끓는 돼지국밥도 너무 먹고 싶었지만, 찬물 한 컵으로 때웠다. 예쁜 옷을 차려입은 친구들이 부러웠다. 그럴 때면 티셔츠에 청바지 하나만 걸쳐도 부잣집 딸 같다는 주변 사람들의 말을 상기시키며 엄마에게 그렇게 낳아주셔서 감사하다는 마음으로 눈물을 머금고 버텼다.

개인 병원의 간호조무사로 근무하던 도중 한 남자와 만나 결혼했다. 그때가 32세였다. 남편은 약대를 졸업한 후 약국에서 약사로 일하면서도 친구 권유로 병원 의료기 납품회사의 납품일을 하는 성실한 사람이었다. 그땐 결혼 후 내가 어떤 삶을 영위할지 몰랐다.

결혼 이듬해 나는 병원에 소모품을 납품하는 사업을 시작했다. 짧은 밑천으로 시작한 사업은 인력이 부족해서 바쁜 병원에는 지원 근무도 해주었고 몸으로 봉사할 수 있는 일들을 마다하지 않았다. 그 성실함으로 신뢰가 쌓이며 사업도 확장이 되어갔다.

그런데 남편이 오해하기 시작했다. 남편은 내가 병원에서 근무하던 당시의 나를 간호대 졸업자로 알고 있었지만, 난 아무 말도 하지 않고 그냥 넘긴 것이 문제였다. 그렇게 한 결혼은 항상 불안함의 연속이었다. 남편의 동창회나 동기회 때는 더 말 못 하는 불안감에 휩싸였다. 그래서인지 남편이 잘못하는 일이 많아도 난 일일이 따지지 못하고 당하는 일이 많아졌다.

급기야 남편은 나에게 집착하더니 단속하고 구속까지 하는 것이었다. 5분 안에 전화를 받지 않으면 큰일이라도 난 듯 버럭 화를 냈다. 일 때문에 조금만 늦게 들어가도 의처증 같은 행동을 서슴없이 하다가 갑자기 미안하다며 너무 사랑해서 그렇다는 괴변을 늘여 놓았다. 남편은 나의 웃음을 점점 뺏어갔다. 그러던 중 시어머님은 바로 위 시숙 부부가 이혼하면서 키우던 10개월 된 아기를 데리고 왔다.

"너거 남편이 너한테 자꾸 모질게 하는 것은 니가 아이가 없어서 그런 기라. 그러니 너거 아이처럼 키워봐라." 선심 쓰듯 말하는 시어머님의 요청을 남편은 거절하지 않고 형님이 재혼할 때까지만 우리가 돌보자고 했다. 너무 기가 막혀 말이 안 나올 지경이었지만 아이가 불쌍해서 그냥 안게 되었다.

출·퇴근을 하면서 죄 없는 친정엄마에게 아이를 맡겼고 저녁에는 지친 몸으로 아이를 키웠다. 아이는 사납게 악을 자주 썼고 끌어안으면 발로 내 가슴을 밀어내며 반항하기에 사내아이라서 그런 줄 알았다. 더 많은 사랑으로 내 아이처럼 키우다 보니 애증이 더 커졌다. 일에 지치고 아이로 인해 불안함이 증폭되며 지쳐가는 동인 임신이 되지 않아서 내 몸 상태에 문제가 생겼는가 싶은 걱정스러운 마음에 우리 부부는 검사를 진행했는데 남편이 무정자라는 결과가 나왔다.

청천벽력 같은 절망감에 통탄할 사이도 없이 아이가 유치원에서 같은 반 원생을 때리고 유리창을 깨는 등 이루 말할 수 없이 치는 사고를 수습하기 바빴다. 아이를 안고 눈 마주치기로 사랑을 호소하며 심장을 통해 마음을 전달하려고 안고 울기도 많이 했지만, 아무 소용이 없었다. 결국, 소아정신과에 의뢰했다.

"이 아이의 뇌는 충동적인 행동을 하는 머리는 발달 됐고 정서적이고 지적인 능력의 뇌는 기대하기 어렵습니다"라고 의사는 진단을 내렸다. 무슨 자폐증도 아닌 그런 병이 있냐고 말하니 의사는 '된다, 안 된다'란 경계를 확실히 하는 교육으로 아이를 키우라고 하였다.

남편은 무정자 결과를 통보받은 후 집착이 더욱 심해졌고, 아이는 상상을 초월하는 나쁜 행동을 연속적으로 이어갔다. 나는 그렇게 웃음기를 잃은 채 시들어가는데 시간은 속절없이 흘러갔다. 아이는 고등학생이 되자 남의 물건을 훔치더니 오토바이까지 탈취하고 폭행을 일삼으며 난폭해졌다.

아이가 처벌받아 소년원에 붙들려 갈까 봐 피해자들과의 합의를 위해 무릎 꿇는 일도마다 하지 않았다. 그러는 사이 남편은 사업을 무리하게 확장하면서 부도가 났다. 우리는 모든 것을 잃고 빈털터리가 되어 암흑의 세계를 맛보게 되었다.

가난이 싫어 열심히 살았다. 고생한 친정엄마를 편하게 모시려 하였건만 모든 것이 절망적이었다. 넋 놓고 앉아 있을 수도 없는 상황이라 다시 마음을 동여맸다. 지치고 지쳐 45kg도 나가지 않는 야윈 몸으로 병원들을 찾아다니며 영업을 시작했다.

힘든 만큼 남편에 대한 원망도 커졌고 사고투성이 아이에 대한 원망도 커져만 갔다. 그런 나를 보고 "그기 다 니가 힘든 팔자를 타고나서 그런 기라. '팔자땜' 한다고 생각해라"라고 말하는 시어머님이 원망스러웠다. 원망하는 마음이 커질수록 내가 피해자란 생각이 뿌리를 내리고 있었다. 그렇다고 원망하는 사람들과도 정리할 수 없으니 다람쥐 쳇바퀴 돌 듯 나날을 보냈다.

대학을 보낸 아이는 학교 기숙사에서 사고를 치고 가출하더니 남의 차를 훔쳐 절도죄로 구속이 되었다. 그래도 엄마라 부르는 그 아이를 위해 탄원서를 쓰고 변호사를 선임하고 판사에게 울며 호소도 했다.

그렇게 아이의 가출과 사고는 계속 이어졌지만, 다행히 내 사업은 조금씩 안정되어 빚도 다 갚게 되었다. 사업상 남편과 나는 서울과 부산으로 나뉘어 활동하느라 이별이 아닌 별거를 하게 되면서 그나마 숨통이 조금 터였다.

나이가 들어가며 남편은 "미안하다. 니가 하고 싶은 일을 하고 살아라"라고 했는데 이번에는 시어머님과 아이의 집착이 나를 힘들게 했다. 90세가 된 시어머님은 골반 골절로 거동이 불편해지니 오로지 나만 찾았다. 무슨 악연인지, 기가 막혀 무관심 하려 하였지만, 친정엄마를 모시고 있었기에 시어미님이리기보다 늙고 병든 노인이란 생각에 거절을 못 했다.

내가 아는 요양병원에 입원했다. 치료 잘한다고 소문난 병원이었지만 시어머님은 만족하지 못하고 "반찬 해오너라, 영양 주사를 맞아야겠다, 필요한 게 있으니 돈 좀 다오"라고 말하는 등 수 없는 요구를 해왔다. 며칠 바빠서 못 가면 죽을 고비를 맞은 것처럼 큰 병원에 가야 한다며 날 호출했다.

그렇게 3년을 일상으로 보내는데 이번엔 아이의 사고가 이어졌다. 아이는 의지할 때가 나밖에 없어서인지 사고만 치면 수습해달라고 연락하고 또 연락해 왔다. 경찰 관계자가 아이의 상태를 정신

병원에 의뢰해 보자고 하여 동의했더니 '조현병'이란 병명이 나왔다. 경찰의 안내로 죄를 지은 행정처분 기간은 국가 정신병원에 입원하여 치료받게 되었다.

참 기막힌 현실에 주저앉았다. 원망과 피해자라는 생각은 우울증으로 이어져 나를 더 힘들게 하였다. 친정엄마는 그런 딸을 붙잡고 통곡했고 친정 여동생은 자기 일을 뒤로 미루고 '언니 일을 돕는다'라며 나와 함께 하는 시간을 보냈다.

시간은 흐르고 흘러 시어머님은 101세를 끝으로 생을 마감했다. 마지막 숨을 거두며 나에게 "고맙다. 미안하다"라고 하며 내가 가르쳐준 '지장보살'을 염송하며 눈을 감았다. 남편은 "수고했다. 너 힘들게 안 하겠다"라며 자신의 거처에서 계속 생활했다. 아이는 경찰이 계속 정신병원에서 치료받도록 도와주었다.

지난날들을 원망하며 팔자타령을 하던 어느 날이다. 문득 집을 정리하다가 18세에 머물러 있는 한 소녀를 앨범에서 보았다. 그 소녀는 나에게 활짝 웃으며 말했다. "피해자라고 스스로 힘들어하지 말아라. 네겐 91세의 친정엄마와 사랑하는 친동생과 있잖니. 현재의 자신에게 선물하는 삶을 살아라." 맞다! 나에게 선물하는 삶이 있지!

그렇게 시작해 늦깎이 배움에 나섰다. 망설였던 마음을 떨쳐내고 4개월을 죽도록 공부하고 친 고등학교 인증 검정고시는 합격의 영광으로 기쁨을 안기며 18세에 머물던 여고 시간도 마무리케 했다. 남들이 알까 봐 불안했던 학벌에 대한 수치심은 이젠 대학생의 당당함으로 말할 것이다. 비록 60대 후반을 넘어 70세를 바라보는 나이지만 대학교에서 복지학을 전공하기로 결심했다. 오래전에 멈추었던 꿈이다.

꿈을 꾸자, 그동안 원망하며 피해자 의식에 사로잡혀 있던 마음이 점차 누그러졌다. 날 괴롭히던 사람들을 가엾게 여기는 마음의 여유가 생겼다. 내가 친엄마가 아닌 사실조차도 사고를 치고 또 치다 보니 알게 된 조현병에 걸린 아이였다. 그래도 나만 찾던 그 아이에 대한 애처로운 마음이 들었다. 나를 힘들게 했던 시어머니를 병든 노인이라서 보살폈던 마음처럼 말이다.

날 힘들게 한 그들로 인한 내 삶은 피해자의 삶이 아니라 보살피고 베푸는 삶이었다는 사실에 즐거운 삶이 될 것이다. 사회복지사가 되어 가치 있는 삶을 살리라 다짐하는 요즘의 나는 사회복지사가 되어있을 미래의 나를 바라보며 미소 지으며 말한다.

"개도 안 물어가는 팔자를 개도 물어가는 세상에 빛나는 팔자로 만들 것이다."

"미옥아! 너 참 예쁘고 장하다."

쉿! 내 안의 숨은 페이지들

 이정례

걸려서 넘어지고 넘어져도 다시 일어나는 오뚝이로 언제나 웃음을 잃지 않는 지혜롭고 아름답게 살아가는 나

덤 인생! 배움 통해 나아가리라

1학년 | 이정례

나의 고향은 경북 영덕이다. 일곱 자식 중 다섯째 딸로 내가 태어나면서 우리 집 가세가 기울기 시작했단다. 당시 아버지는 오일장인 영해 시장에서 제법 영향력 있는 소장수였다. 인품이 좋으신 데다가 주변에서 돈을 빌려 달라고 하면 의심하지 않고 빌려주곤 하니 주변 평판까지 좋았던 모양이다. 그러던 중 아버지는 함께 장사하던 친구에게 엄청나게 많은 돈을 빌려주었다. 이후 한 푼도 되돌려 받지 못하며 가진 재산 전부를 다 날려 버렸다. 아버지는 빈손으로 깊은 첩첩산중에 식구들을 데리고 들어가 산을 개관하며 살았다. 부모님이 가난을 극복하려고 부지런하게 일해야 했으니 어린 고사리손이라도 거들어야 판이었다.

내가 7살 되던 해 막내가 태어났다. 그때부터 본격적인 고난이 시작되었다. 지금 생각해보니 난 어리고 왜소했는데 부엌에서 불

피우고 밥을 지었던 것만 기억난다. 8살에 초등학교 통지서가 나왔는데 어머니는 학교에 못 가게 했다. 집안일을 1년 더 도우라는 것이 그 이유였다. 한 해 늦춰서 입학했는데 두 동생을 돌보며 집안일을 거들어야 했기에 결석하기 일쑤였다. 그래도 공부가 무척 흥미로웠던지 반에서 우등생이었다.

2학년 되자 동네에 홍역이 퍼졌다. 나는 심하게 홍역에 걸려 한 학기 동안 학교에 다닐 수가 없었다. 죽을 고비를 넘기며 사경을 헤맸을 때다. 검은 옷 입은 네 사람이 긴 관을 옆에 두고서 나더러 오라고 손짓을 하는 게 아닌가. 꿈인지 생시인지 헷갈렸다. 엄마는 나의 이상한 행동에 정신 차리라며 세차게 뺨을 때렸다.

이튿날 큰오빠와 외삼촌이 번갈아 가면서 나를 업고 병원에 가는데 병원까지 거리는 40리 길이다. 병원 나서는 우리를 본 아버지는 "업고 가다가 죽으면 산에다 버려라." 그리고 "묻어주라"라는 말을 덧붙였다. 어린 마음에 충격은 받았지만, 자식은 많고 힘든 아버지 입장으론 당연하다고 여겼다.

영해 읍내의 병원까지 도착하니 의사는 심한 기침으로 간이 부었다며 수술해야 한다고 한다. 당시 수술비가 30만 원이라 하니 엄청난 비용이 충격적이었는지 어린 내 생각에도 어처구니없다고 여겼다. 의사 선생님에게 "나 아니라도 딸이 셋이 더 있으니 죽어도 괜찮다. 그냥 약이나 지어 달라"라고 했다. 일주일 분량의 약을 지어서 근처의 할머니 댁에서 지내면서 회복할 수 있었다. 40리 길을 걸어서 집으로 가는 도중 문득 드는 생각에 '덤으로 얻은 인생을 열심히 살자'라는 각오를 다졌다.

무사히 학교를 졸업하고 부모님을 도와 남의 집 콩밭, 보리밭, 담배밭 등에 품앗이 나갔고, 영덕군에서 추진하는 모심기에도 참여하는 등 여러 곳의 일을 하다 보니 다부진 아이로 소문이 났는지 영덕의 군수님까지 인정할 정도였다.

내 고생이 끝났나 싶던 그때 어머니에게 자궁암 진단이 내려졌다. 대구에 있는 동산병원에서 수술하여 다행히도 결과는 좋았지만 그나마 조금 모아놓은 재산은 수술비로 날려 버렸다. 언니는 일찍 출가했고 큰오빠는 결혼한 지 1년 정도밖에 되지 않았으니 빠듯한 생활에 나머지 가족 돌봄은 내 차지다.

1년의 치료 끝에 어머니 병세가 호전되어 내 직장을 찾고자 했다. 대구에 있는 친척이 회사에 취직시켜주겠다길래 부모님 허락도 없이 한숨에 대구로 달려갔다. 18살에 소개받아 취직한 곳은 경북 구미에 있는 동국 무역 단지 내에 방직 공장이다. 숙식이 제공되는 기숙사가 있어서 일만 하면 되니 그다지 고생스럽지 않은 직장이었다. 당시 하루 시급 천 원에 월급이 3만 원 정도로 주야 2교대 근무였다. 어릴 때부터 고생을 많이 해서 그런지 회사 다니는 게 엄청나게 신났고 수월했다. 월급을 타면 부모님께 꼬박꼬박 보내드렸다. 부지런하고 남을 많이 도와주는 성격 탓인지 빨리 승진할 수 있었고 회사에서는 반장으로, 기숙사에서는 책임자로 똑 부러지게 역할을 할 수 있었다.

회사 생활이 1년 반 정도 되었을 때 어머니는 암 재발로 우리

곁을 떠났다. 나에게 "아버지를 부탁한다"란 유언 한마디 남긴 채. 슬픔에 겨워 눈물을 흘릴 처지가 아니었다. 가족을 위해 다시 돈 벌러 나가야 했기에 회사로 돌아갔다.

어머니를 보낸 지 석 달 후 이번엔 아버지가 세상을 등졌다. 어머니 유언을 지키지 않은 탓으로 느껴져 후회가 몰려왔다.

그 후 1년 동안 모은 목돈을 오빠들과 동생들에게 보냈지만, 별로 소용이 없는 듯했다. 할 수 없이 두 동생을 내가 다니는 회사에 입사시켰다. 기숙사가 있어 걱정은 덜하긴 했지만, 막내 여동생이 많이 울어 늘 안쓰러웠다. 막내는 14살로 또래보다 체구가 작고 마음이 여린 편이었다. 몇 년쯤 지나니 바로 밑에 동생이 전염병인 폐결핵을 앓아 기숙사에서 쫓겨나게 되어서 대구에 따로 작은 방을 구했다. 대구에서 구미까지 출·퇴근을 하면서 어렵게 모은 돈을 오빠들의 생활비로 계속 보냈다.

1년 정도 지나니 동생의 병이 치료되며 시름을 놓을 수 있었다. 모든 부담 다 내려놓고 마음 맞는 배필을 만나서 편안히 살고 싶었다. 어릴 적부터 24살이 되도록 집안일을 도맡았으니 부담이 엄청나게 컸던 모양이다.

경북 성주가 고향인 사람을 만나 결혼했다. 남편은 홀어머니 아래 6남매 중 막내아들이었지만, 살아 보니 맏이 역할을 하고 있었다. 이번엔 시댁과 친정을 오가며 신경을 쓸 수밖에 없었다.

친정 언니는 40세 중반에 골다공증에 허리 협착증을 앓고, 시댁 작은 형님은 40세 후반에 뇌경색으로 쓰러져 오른쪽 편마비가 왔다. 양쪽 집으로 오가며 밑반찬을 챙기고 있을 때 시어머니는 췌장암 말기로 시한부 선고받았다.

작은 아파트를 마련하여 이사 온 지 며칠이 되지 않은 터라 짐을 풀지도 못하고 시어머니를 간호해야만 했다. 큰형님은 계셨지만, 막내가 편하다고 하시니 어쩔 수 없이 내가 모시기로 했다. 요양병원에는 가지 않겠다고 하니 집에서 모셨다. 그것도 잠시였다. 시어머니는 연세가 많고 수술이 어려운 말기 암 환자라 너무 고통스러워했다. 할 수 없이 내가 근무하는 곳과 가까운 병원에 입원시켜 주·야간으로 보살펴야 했다. 두 집안일에다 대학생인 두 아들까지 챙기느라 몸은 이루 말할 수 없이 힘들고 지쳤지만 아픈 시어머니만큼 할까 싶어서 스스로 위로했다.

시어머니가 드시고 싶다는 건 뭐든 다 해드리고 정성을 다해 간호했다. 야간 근무하는 날이었다. 어르신들의 아침 배식 시간에 날 찾는다는 전화가 왔다. 불안한 마음으로 근무복을 입은 채 병원으로 달려갔다. 시어머니는 아무도 없는 병실에서 숨을 거두지 못하고 있었다. "왜 이제 오냐. 할 말이 많았는데"라면서 더는 말을 잇지 못했다. 나만 바라보다가 1분도 지나지 않아 췌장암 판정 4개월 만에 고통에서 벗어나며 92세 나이에 하늘나라로 갔다. 좀 더 일찍 왔더라면, 더 잘해드렸더라면 조금 더 살 수 있었을까. 지나고 보니 모든 것이 후회스럽다.

뇌경색으로 쓰러진 작은 형님댁에는 어린아이 넷 있었다. 1년 사계절마다 김장이며 밑반찬 등 필요한 것을 부쳐드리고 아이들이 커 갈 때마다 필요한 손길을 보태야 했다. 세월이 지나 조카들이 성장하여 출가할 때도 작은형님 대신 엄마의 역할을 해야만 했다. 작은형님은 그렇게 17년 동안 누워있다가 허망하게 세상을 떠났다. 힘닿는 만큼 보살폈으나 나름대로 참 힘든 긴 과정이었다.

이번에는 친정이 문제다. 그로부터 몇 년 지나 골다공증과 허리협착증으로 생활이 어려운 친정 언니를 돌봤다. 산으로 들로 다니면서 몸에 좋다는 약재를 구하고 민간요법을 하면서 수년을 보살폈더니 병이 조금씩 호전되었다. 친정 언니가 혼자서 생활을 할 수 있을 때쯤이었다. 이번엔 친정 언니가 엄마처럼 자궁암이라는 판정을 받았다. 자식들은 어리고 형부도 능력이 없으니 그 또한 내 차지였다.

구서동에서 개금 백병원까지 한 달 동안을 하루 두 차례씩 저녁에 갔다가 새벽에 귀가하면서 지극정성으로 간호했다. 친정 언니는 항암치료 할 때마다 내가 해 준 쑥떡을 먹고 나니 고통은 사라지고 힘이 났다고 고마움의 너스레를 떤다. 몇 차례의 항암제를 맞으며 치료를 잘하더니 5년이 지나자 완치가 됐다. 살아있으니 웃을 수도 있어 좋다.

그런대로 괜찮았던 남편 사업은 IMF가 터지며 지인에게 사기를 당하며 부도가 날 위기를 맞고 있었다. 식당에서 홀서빙 등 허드렛일이라도 찾아야 했다. 용역업체인 가사원에 등록하여 부산에 있는 식당 몇 곳을 소개받았다. 새벽에 일찍 나가서 밤늦게 들어오니 크는 두 아이를 제대로 돌볼 수 없는 속상함에 5년 만에 그만두었다.

서당 개 삼 년이라 했던가. 조그만 식당을 해보고 싶었다. 소자본으로 부산시청 앞 연일 시장에 '도량가 칼국수'란 상호로 식당을 차렸다. 장사 4년에 고만고만한 돈을 모았지만, 아침부터 밤늦도록 식당에 매달리는 시간이 문제였다.

식당을 접을까 궁리하고 있을 때다. 식사하러 온 손님이 요양보호사 자격증을 따면 쉽게 돈을 벌 수 있다는 소리에 귀가 쫑긋했다. 장시간 식당 일에 매달리느니 짧은 시간의 일자리를 갖고 싶었다. 곧바로 식당을 정리했다.

두어 달 정도의 요양보호사 교육과 실습을 마치고 관련된 자격증을 취득하며 일자리를 구했다. 가정집 환경 같은 복지시설인 '그룹홈'엔 어르신 아홉 분이 거주했다. 4시간 근무하고 저녁 식사 한 끼를 챙기는데 힘들지 않았다. 한 달이 지나니 4대 보험 혜택에 월급은 58만 원이다. 성심성의껏 어르신을 돌보며 5년을 근무하던 중 집 근처 요양병원의 요양보호사로 근무할 수 있었다. 조건이 너무 좋다. 3교대 근무이지만 월급은 2배 많은 정직원이다. 어르신들을 돌보면서 우여곡절도 많았지만, 긍정적인 마음으로 9년 가까이 일했다.

딸이 아이를 출산하며 외손자가 생겼다. 딸이 직장을 그만두기에는 아까운 직장이란 생각이 들어 도움을 자청하며 손자를 돌봐주게 됐다. 손자가 3살 되던 무렵이다. TV 프로그램에서 아이들의 영어 놀이 학습 프로가 방송되니 손자는 조그맣고 까만 눈으로

TV를 한 번 쳐다보고 할머니인 날 한번 쳐다보더니 가르쳐 달라고 졸라댄다. 내용을 알 수 없다. 어떠한 말도 할 수 없었다. 난 꿀 먹은 벙어리였다. 할머니도 배워야 손자를 돌볼 수 있구나 싶었다.

나이 60에 중학교 과정을 시작했다. 아낌없이 응원해주고 큰 힘이 되어준 남편이 있었기에 용기를 얻었다. 성인 어머니 학교인 예원 중학교에 입학했다. 바라던 배움이 시작되니 마음껏 해보자고 마음먹었던 것과는 달리 쉬운 학습 과정은 아니었다. 힘들었던 2년이란 중학교 과정을 마치고 예원 고등학교에 진학했다. 학교생활에 적응하며 여유가 생겨 학급에서 많은 활동을 하면서 학우들에게 인정받는 것이 좋았다.

담임 선생님은 박순곤 교감 선생님이 겸했다. 힘들고 어려울 때 따뜻한 말씀을 해주었다. 우리는 신문 기사나 뉴스 내용을 알려주는 조회 시간이 기다려지곤 했다. 선생님의 은덕으로 고등학교를 졸

예원고등학교를 졸업할 때 박순곤 교감 선생님에게 감사의 뜻으로 상패를 제작하여 읽어 드리는 모습이다.

업하였고, 용기를 얻어 대학까지 꿈을 꾸게 되었다.

지금의 나는 누구와도 바꿀 수 없는 보람 있는 삶을 살고 있다. 요양병원에서도 호스피스 병동에서도 일했지만, 할 수 있는 건 늘 보조적인 일이었다. 그러한 일을 하면서 사회복지에 깊은 관심이 생겼고 관련된 전문적인 지식을 배움으로써 더한 봉사의 손길이 필요하다는 것을 알게 되었다. 부산여대 사회복지상담학과로 진로를 결정한 동기다. 배움을 충실히 마치면 곤경에 처한 사람들에게 행복한 삶을 누릴 수 있도록 책임감으로 참여하여 도움을 주고 싶다. '도움이 필요한 사람들에게 먼저 손을 내밀어 도와주겠다'라는 따뜻한 마음과 열정이 있어야 한다는 생각은 힘든 역경을 헤치고 살아온 내 인생에 대한 보답이다. 어린 시절 생사를 넘나들던 때 병원에서 약을 타고 40리 길을 걸어서 집으로 가는 도중 다진 각오였다.

'덤으로 얻은 인생을 열심히 살자'라고.

지나고 보니 참 많은 우여곡절 속에 살아냈다. 그 많은 일을 겪었지만, 항상 옆에서 묵묵히 지켜주고 응원해준 남편이 함께했기에 나 자신의 역할을 다 할 수 있었네. "남편! 고마워. 그리고 사랑해."

사랑하는 딸 그리고 아들아. 학교 다니면서 제때 등록금을 내지 못해 학자금 대출까지 받았지? 대학교 졸업한 후 회사에 취직하여 부모 손 빌리지 않고 학자금 대출을 갚아가니 엄마는 대견하면서도 가슴이 아팠네.

"딸아! 아들아! 잘 견뎌주어 고맙고 엄마 딸, 아들이라 고마워. 둘 다 사랑해!"

이제는 나에게 당당하게 말할 수 있다. "힘든 역경 잘 견뎌낸 정례야 너 참 장하다."

제 2 부

졸업장이 주는 의미

조은하
박종남
김해연

쉿! 내 안의 숨은 페이지들

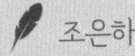 조은하

글쓰기와 사색하기를 좋아하며 온화한 아름다움을 추구하는 성격으로 추진력은 '짱'인 신지식인 여성형

진정한 배움을 통해 참된 나를 찾다

2학년 | 조은하

첫 해외여행을 준비하던 당시를 떠올리면 아직도 아찔한 마음이다. 아들의 초등학교 입학 후 남편과 둘이 태국으로 떠나는 여행이었다. 설렘 가득한 마음으로 여행을 준비하는 중이었다. 남편은 시청으로 여권을 신청하러 간 지 한참이 지나서야 귀가하더니 나를 보며 투덜댔다.

"당신의 최종학교 이력을 아무리 찾아도 서류상에는 초등학교밖에 없더라"

"그래? 뭔가 잘못됐나 보지"

당시는 여권 신청 시 학력을 기재했던 모양이다. 남편은 예전에 대학교에 다니는 내 모습을 자주 보았기에 나의 학력에 대한 의심은 전혀 없었다. 뭔가 잘못 돌아간다는 걸 직감했다. 내 입은 얼어붙은 듯 '절대 그럴 일 없어'라고 말할 수가 없었다. 순간 가슴에

선 바윗덩어리 하나가 '쿵' 떨어지는 게 아닌가. 눈앞이 캄캄해지더니 심장이 멎는 듯했다.

아! 맞다. 그동안 잊고 있었던 '후회'라는 단어가 다시금 되살아난다. 학교는 많이도 다녔지만, 여러 사정으로 학력을 인정받지 못했다. 이 까닭에 내 인생에서의 학교는 풋풋함도 있지만, 가슴 쓰린 칠삭둥이다.

초등학교(당시 국민학교) 1학년 2반이다. 입학한 지 일주일쯤 지났지만, 아직도 왼쪽 가슴에는 하얀 손수건이 살구색 원피스에 매달려 있다. 초록색 엷게 칠해진 둔탁한 책상들이 교실을 꽉 채웠다. 한 반에 학생이 56명이니 교실은 콩나물시루다. 긴 머리에 젊은 여선생님이 가정조사서를 적어 내란다. 나는 성당에서 운영하는 선교원을 졸업했기에 부모님 이름을 한글로 적을 수 있다. 수업을 마치고 책보자기를 싸고 있었는데 선생님이 불렀다. "너는 엄마하고 아버지 이름을 똑같이 적었네. 조 용산, 장 용산이라고. 다시 적어줄래?"라며 가정조사서를 돌려주었다. "우리 엄마와 아버지는 이름이 똑같아요. 동네 사람들은 다 그렇게 불러요." 내 말이 끝나자 선생님은 고개를 갸웃거리면서 교무실 쪽으로 사라졌다.

집으로 돌아오자마자 엄마에게 학교에서 있었던 이야기를 하니 옆에 앉아있던 동네 아주머니 댓 사람이 배를 잡고 반원을 그리면서 웃기 시작했다. "아이고 배야, 그건 이름이 아니고 너거 외갓집 뒷산이 용산이라 용산 아지매, 용산 아제 하고 부른 거란다." 그랬다. 동네 사람들이 부른 것은 엄마, 아빠 이름이 아니고 출신지 명을 이름으로 대신하여 부른 택호였다. 그걸 어린 나이에 이름으로 착각한 거다.

4학년 때 키가 크고 깡마른 남자 선생님이 전근을 오며 담임을 맡았다. "너는 글짓기에 재능이 있어 보이니 글짓기부서에 들어가 거라"라며 여러 권의 책을 주었다. 그때부터 도서실에서 두꺼운 책을 읽고, 일기와 동시를 쓰면서 닦은 실력에 군 대회 등에 글짓기 학교 대표로 나가곤 했다. 각종 대회에 나갈 때면 도시락 반찬은 귀한 새우젓갈이다. 새우 장사가 큰 통 봇짐에 뽀얗고 조그만 새우를 잔뜩 넣어서 동네에 찾아오면 이때 구매한 새우에 쪽파와 고추를 넣어 요리한 엄마표 새우젓갈은 정갈스럽고 짭조름하여 맛났다. 동네 아이들은 나를 새우 댁으로 놀릴 정도였다. 아직도 그때의 추억이 있어선지 새우젓갈이 좋다.

내가 초등학교를 졸업하자 부모님은 나를 친척 오빠 있는 부산으로 유학 보냈다. 막내딸의 장래를 위한 결심이었을 거다. 찾아간 부산의 여자중학교는 신입생이 너무 많았는데 학교 관계자는 서류가 미비하다며 1년 후에 입학하라고 했다.

꿈에 그리던 대도시 학창 시절

입학이 되지 않아 실망하고 있을 때였다. 우물에 두레박을 던지고 있는 한 아주머니를 만났다. "학생이 학교 안 가고 왜 집에 있어?"라며 자신이 잘 알고 있는 중학교로 가면 입학할 수 있단다. 너무 좋아서 당장에 가지고 졸라 대학재단이 운영하는 조그만 중학교에 입학할 수 있었다.

학교로 향하는 언덕 밭에는 복숭아나무가 많았는데 연분홍 복사꽃이 피기도 전에 시샘하듯 한차례 찬바람이 스치고 지나간다. 중학교 첫 중간고사. 날짜는 화선지 위의 먹물처럼 서서히 다가오고 있다. '잘해야지'라는 생각으로 친구들과 학교에서 밤새워 시험공부를 하기로 결의했다. 저녁 늦도록 공부하지만, 산만한 분위기 탓에 학습 진도가 나아가지 않는데 차가운 저녁 시간은 소리 없이 흐른다. 각자 흩어져서 공부에 집중하기로 하고 교실을 선택했다. 각각 교무실, 서무실, 교실이었는데 내가 선택한 곳은 교장실이다. 교장실로 향했으나 문이 굳게 잠겨 있다. '나는 안 되겠어, 문이 열리지 않아.' 투정 대는 내 말을 들은 한 친구가 달려와 머리핀을 뽑더니 돌멩이로 '콕콕' 찍어 납작하게 만든 후 나무문을 열었다. '내가 뭘 본거지? 머리핀으로 문을 열었다고?'

다음 날 아침, 교장 선생님은 유리판이 깔린 자신의 책상 위에 엎드려 잠들어있는 학생이 깰세라 살며시 문 닫고 교무실에서 회의를 열었다고 한다. 세상모르고 자던 나는 첫 시간 수업 종소리에 놀라 깼더니 문 앞에 교장 선생님이 서 있는 것이 아닌가. 비몽사몽간에 교장 선생님을 발견하고는 의자 위에서 바닥으로 떨어지고 말았다. 이 모습을 본 교장 선생님은 '하하하' 크게 웃더니 "괜찮다. 천천히 일어나거라"라고 했지만 밤사이 꼼짝하지 않은 탓에 생긴 다리 경련으로 일어설 수가 없었다. 다리를 질질 끌고야 겨우 교장실을 나올 수 있었다.

학생들은 교장 선생님을 북한의 김일성이라 불렀다. 몸집도 큰데다 항상 선글라스까지 장착하였으니 쳐다보기 부담스러웠던 게다. 그날 이후 교장 선생님은 나에게 특별한 관심을 가지기 시작했다. 난 항상 노력하고 매사 열심히 임하던 학생이었다. 아마 그런 나를 특별히 좋아하신 것 같다.

교장 선생님 댁으로 가는 길은 우리 집을 거쳐서 가야 했는데, 자농차 옆자리에 사주 태워 주었나. 교장 선생님은 길가의 영어 간판을 보더니 차를 세우곤 읽어보란다. 영어 발음 기호에 적응될 무렵이라 더듬거리면서도 제법 잘 읽었는지 큰 박수로 격찬했다. "너는 정말 잘하네."라면서 크게 웃었다. '칭찬은 고래도 춤추게 한다'라고 했던가. 그땐 대통령도 될 수 있을 만큼 자신감을 크게 심어주었다.

교장 선생님은 외국에 친구들이 많다고 했다. 일본, 중국, 대만, 홍콩 등의 지인들과 문화협회라는 조직을 만들어 교류를 자주 했던 것 같다. 주고받는 편지마다 우표가 붙어있었는데 외국 우표를 처음 보았다. 교장 선생님은 우표 하나하나를 가위로 오려서 세숫

대야에 물을 반쯤 담아 그 위에 띄워 놓았다. 30분쯤 지나면 우표가 찢어지지 않고 잘 떨어졌다. 물에 젖은 우표를 책상 위에 깔아 놓았다가 물기가 마르면 한 장 한 장 차곡차곡 챙겼다. "우표를 모아라. 이 우표는 그 나라의 역사를 보여준단다." 외국 우표는 참 신기했다. 그 나라의 대통령, 역사 속 인물, 그리고 문화재, 꽃, 새 등 우표 하나로 여러 가지를 볼 수 있었다. 이후 우표 수집은 취미가 되었으며 친구에게는 자랑거리였다.

교장 선생님은 시간의 소중함을 일깨워주었다. 시간은 금이다. 시간은 본인 것이 아니라 상대 것이니 소중히 생각하여 약속을 꼭 지키라면서. 그때 인성이 자리 잡았을까? 지금도 나는 약속을 어기지는 않는다. 고향 경북 상주를 떠난 지 3년 정도 될 때였다. 뜨겁던 여름도 지나고 교정에는 가을빛이 돌고 있었다. 교장 선생님이 나를 찾아서 교장실에 갔더니 궁중 한복을 곱게 차려입은 한 여성이 서 있다. 그 여성은 "내가 학교를 설립했다. 우리 학교에 입학하면 잘해줄게"라는 게 아닌가. 그 말이 끝나자 교장 선생님은 "그래. 이사장님이다. 잘해줄 거다"라며 그 이사장님의 상업고등학교에 진학하기를 권했다.

그 후 정년퇴직한 교장 선생님 부부는 일본에 이민 갔다. 일본은 우리나라보다 20년을 앞선다며. "일본에 가서 그 나라의 문물을 빨리 받아들여야 우리나라가 부강해질 수 있단다"라며 일본에서 공부하길 권했지만 낯선 나라에 가서 공부하고 싶은 마음이 없었다.

고등학교 시절은 사랑스러운 하이틴 꽃 청춘이다. 하얀 교복에 양 갈래머리 곱게 땋아 모자를 쓰고 사루비아 꽃밭에서 사진도 찍기도 했지만, 교련 시간에 걸려서 야단도 맞았다. YMCA 합창단에서 노래를 배우고 합창도 하며 주말에는 대학생 오빠들, 대학교 학군 사관후보생인 ROTC 오빠들과 포크댄스를 추기도 했다. 또 횃불 야간 산행도 하며 지역 대항 게임까지 했다. 합창단에 나가면 TV 출연을 여러 번 하곤 했는데 그럴 때마다 고향에서는 난리가 났다고 한다. 당시 내 고향 시골 동네엔 텔레비전이 두어 대 정도밖에 없었으니 내 소식을 접할 때마다 우리 집 마당에는 마치 영화관처럼 사람들이 모였다. 이 시절의 낭만과 추억을 아직도 잊을 수가 없다.

결혼과 지옥

우리 집은 늘 대학 하숙생으로 북적거렸다. 다닥다닥 붙어있는 좁은 방안에 라면 냄새가 진동하고 포크 기타 소리에 장기 알 튕기는 소리로 늘 시끄러웠다. 그들 중 조카들의 과외를 맡은 한 대학생이 있었다. 그는 나에게 마음을 두고 있었는지 조카들에게 고모인 나의 일기장을 훔쳐 오라는 숙제를 내곤 했다. 나는 낌새를 알아차리고 장롱 속에 일기장을 꼭꼭 숨겨두고 학교로 출근해야 할 정도였다. 그는 매일 장성처럼 교문을 지키고 서 있다가 하교

후 집에까지 무사히 들어가는 나의 모습을 보고야 안심하곤 했다. 그가 입대하고 난 후 나는 그에게 이별의 편지를 보냈다. 나의 편지를 그의 아버지가 받으면서 배달 사고가 났다. "글씨는 맘에 들지 않았으나 문장이 너무 좋아서 자신이 몰래 편지를 숨겼다"란 사실을 훗날 그의 아버지가 밝히며 우리 집은 웃음보가 터졌다. 우리는 7년의 열애 끝에 결혼했다.

남편은 재력 있는 집안에 인상이 좋아 원하는 결혼 조건을 갖추었지만, 난 그 집 맏며느리란 점에 부담이 컸다. 이 점은 나의 숙제였으니 풀어가는 것이 능력이라고 여겼다. 결혼을 앞둔 시어머니는 예단부터 결혼식 비용과 예물을 챙겼고 시누들은 신혼여행 경비를 대주었다. 아들을 낳자 3층 새집을 선물 받았다. 시어머니는 내가 키 작은 며느리라며 내 키 높이에 맞춰 원목 수납장까지 맞출 정도였다. 모두가 날 이뻐하며 복덩이로 보아주었다. 그런 까닭일까? 시어머니의 "세상은 한결같지 않다"라는 말씀을 잠시 잊고 살았던 것 같다.

나이 40세였다. 어느 대학 학장님의 "아이가 고 3학년이 되면 젖 먹던 힘까지 다하여 아이를 보살펴 주라"란 내용의 강의를 들은 적이 있다. 가정 살림에 도움이 되려고 동분서주하던 어느 날이다. 여름 폭염 날씨에 바깥출입이 쉽지 않았다. 벌써 3번째 걸려오는 절친의 전화를 더는 거절할 수 없다. "친구야 시원한 냉면이나 먹으러 가자. 영화도 보구." 하는 수 없이 응했다. 살얼음이 동동 떠 있는 냉면이 입안에 '샤르르' 녹는 맛에 순식간 뚝딱 먹고 나니 친구는 "이렇게 만났으니 영화 보러 가자"라며 자리에서 일어났다. 승강기로 올라간 고층영화관은 인산인해다. 테이블마다 젊은 남녀들이 알아들을 수 없는 말로 심각하게 대화하는데 무슨 까닭인지 친구가 난처한 듯 보여 계산을 내가 했다.

이곳은 멀티 레벨 마케팅하는 곳이다. 네트워크 마케팅이라고 불리는데 소비자들이 판매원이 되어 지인을 소개하면서 시장을 넓혀가는 판매방식이다. 지옥의 문은 열렸고 나는 생전 들어보지 못한 생소한 단어 앞에 고개만 끄덕거리고 앉아있었다. 그동안 주부로만 살아왔던 터에 사회생활을 접하지 않아서인지 신기한 전문용어들로 가득하다. 일정한 교육을 수료한 후 실전에 나섰다. 대구, 마산, 진주 등 내가 필요한 곳이면 어디든지 가서 활동했다. 사람들을 설득하는 능력이 있었는지 점차 성과가 드러나며 많은 이의 롤 모델이 되어갔다. '이것이 인생이야!'라고 외치며 월등한 역량으로 인해 자신감에 도취 됐다.

3년쯤 지났을까? 회사는 싸움이 나기 시작했고, 급기야 부도까지 나 버렸다. 고급 승용차를 타던 사람들은 시내버스를 탔고 정년퇴직자들의 퇴직투자금은 돌려받지 못한 채 자취도 없이 사라졌다. 냉면을 함께 먹었던 절친은 이후 말이 없었고 나도 따지지 못했다. 모두가 말없이 사라져 버렸다. 당시 같이 일하던 이들을 지금도 마주치기라도 하면 서로 미안한 마음들뿐이다.

대구에서 부산으로 돌아오는 밤, 금정산에 걸린 보름달이 나를 내려다보고 있다. 갑자기 외로워졌다. 기도가 나왔다. 부처님! 저를 보고 계신다면, 제가 어떻게 해야 할까요? 답을 주세요! 남편 몰래, 자식 몰래 묻어둔 억 억 소리 나는 그 돈들을 제가 어떻게 책임져야 할까요? 누구에게도 원망을 돌릴 수 없다. 그 후로 나는 말수도 줄어들었고 화려한 옷도 입지 않았다. 인생 공부 3년이라고 했던가. 천국의 문이 좁고 지옥의 문이 화려하다는 것을 그때야 알았다.

다시 채우다

전날 일찍 잠든 금요일 새벽이다. 갑자기 울리는 전화 소리에 질려 잠이 깼다. "잠이 안 와서, 아니 잠을 잘 수 없어서, 새벽인 줄 알지만 전화했다." 목소리가 귀에 익다. 몇 년 만인가. 가물가물할 정도로 세월이 지났음에도 내 전화번호를 잊지 않고 전화한 이는 학교에 근무할 때의 행정실장님이다. 엄마처럼 다정다감하게 대해 주면서 나의 모든 걸 신경 써주던 분이다. 결혼할 땐 냉장고, TV, 세탁기, 심지어 칼, 도마까지 직접 장인을 찾아다니면서 디자인해 주었다. 첫 아이를 낳았을 때도 3년짜리 적금을 타서 달려와 주던 분이다. 흐느끼는 실장님 울음에 내 마음뿐만 아니라 우리 집 새벽이 달아났다.

"은하야, 내가 80이 넘은 이 나이에 생각하니 두 가지 후회가 있단다. 하나는 내가 결혼을 안 한 것이고, 또 하나는 너에게 제대로 된 학교를 보내주지 못했다는 거다. 일반 학교처럼 학력을 취득할 수 있게 해주었더라면 내가 이렇게까지 후회하며 살진 않겠지. 내가 죽어 하나님 앞에 가면 나는 할 말이 없단다"라며 통곡했다. 우리 집은 새벽에 울음바다로 변했다.

대도시 학교에 대한 정보가 없었던 시절, 첫 단추를 잘못 끼운 탓에 중·고등학교에서는 학력을 취득하지 못했고, 대학교 역시 청강에 불과했기에 2학년을 마치고 중퇴했다. 일반 학생들처럼 등록 후 학업을 이수했으나, 인정받지 못했다. 누구도 검정고시를 권하지 않았고 스스로 무지한 탓에 철없이 청춘을 보내게 한 학교를 원망하기도 했다.

나의 아버지는 나를 대도시 부산에 유학 보내주었다. 내 나이 7세 때 천자문을 쓰게 하고, 60갑자를 읽도록 가르쳤다. 딸이 대학에서 열심히 공부하고 있을 거라고 믿고 돌아가기셨을 아버지를 생각하니 가슴이 미어진다.

한적한 부곡동 버스 정류장이다. 친구와 헤어지고 집으로 가려고 버스를 기다리고 있다. 초겨울 날씨에 바람이 제법 차갑다. 버스 정류장 칸막이 유리창에 붙은 노란색 광고지가 바람에 나풀거렸다. 무심코 보다가 심심하기도 하여 유심하게 보았다. 성인학교 광고 홍보지다. 이런 학교가 있나? 수업료 공짜에다 2년 만에 졸업이라니? 검정고시도 거치지 않고 대학 입학이 가능하다고? '혹시' 하는 마음이 들고 불필요한 건 아닌 것 같아 가방에 집어넣고 귀가했다.

몇 달이 흘렀을까?. 갑자기 새벽에 전화하신 실장님 생각이 났다. 깜짝 놀라 가방을 뒤져보니 그 노란 광고지는 가방 바닥에 깔려 있다. '전화 걸어볼까? 용기가 나지 않는다. "아냐, 아냐. 내가 무얼 하려고 그래. 이제 공부는 싫어. 아니야, 제대로 학적 받아서 대학에 들어가 볼까?"라는 생각이 여러 번 들어 혼란스럽다. 용기가 나지 않아 또 며칠이 흘렀다.

집안은 전화 소리조차 없이 조용하다. 갑자기 난 선생님 생각에 노란 종이를 다시 꺼내어 찬찬히 읽어보곤 전화번호를 찍는다. '꾹, 꾹, 꾹' 다시 한번 눌렀다. '꾹, 꾹, 꾹' 손이 떨린다. 가슴은 방망이질치고 머리는 띵하다. 이건 뭐지? 갑자기 어지러움이 느껴진다. "네. 학꼽니다" 전화기 너머로 들리는 여자 교직원의 음성이 다정하다. 모자를 둘러쓰고 선글라스에 마스크 등으로 얼굴을 가린 채 학교로 향했다. 새벽에 걸려 온 실장님의 통곡으로 내 마음이 움직인 걸까? 그렇게 진짜 중·고등학생이 되어 공허했던 마음을 채우기로 했다.

기회는 소리 없다

실장님에게서 걸려 온 한 통의 전화로 용기를 낼 수 있었다. 정류장에 붙은 광고지로 인해 새로운 기회가 시작됐다. 인생에서 기회란 건 언제, 어디서, 어떻게 다가올지 모른다. 다가올 때는 이름이 없지만 잡으면 기회라는 이름이 붙어있다. 내 인생에서 기회는 회전초밥 같다. 지나가면 그만이지만 잡았으니 내 인생의 변곡점이 되었다.

초등학교 4학년 때의 글쓰기 실력이 기본이 되어 부산여자대학교에서의 글쓰기 동아리로 이어진 것 같다. 동아리 리더로서 회원들과 동아리 규약을 만들며 앞으로 어떻게 이끌지 반신반의했다. 한 학기 동안 동아리 활동을 마치니 '시작이 반'이라고 엔딩 노트를 적고 있다. 동아리 회원

글쓰기 동아리를 창립하고자 진중한 모습으로 규약과 프로그램을 만들고 있다.

들의 글들이 우리들의 미래처럼 반짝반짝 빛이 나길 소원해본다.

사랑하는 가족들에게

글쓰기 동아리에서 책을 낸다고 결정했을 때 어떤 주제로 쓸까 망설였는데 가족들에게 내 진심을 보여주고 스스로 당당해지려고

진정한 배움을 통해 참된 나를 찾다 ___ 65

해. 혹시라도 이 글을 보게 될 남편과 딸에게 미안함과 고마움을 전하고 싶어.

당신은 알아도 모르는 척, 몰라도 아는 척, 그렇게 마음 편한 친구처럼 만나 내 편이 된 사람. 단 한 번도 '네 잘못이야.' 하지 않아서 더 미안한 사람이야. 이제 알게 되었다고 마음 상하지 않았으면 고맙겠어.

"여보 고마워. 나의 허물을 평생 덮어주고 나를 끝까지 사랑하고 지켜주어서 말이야."

애인 같이 애교가 많은 내 딸아. 고등학교 때 선생님이 "엄마가 대졸자인 사람은 손들라"라고 한 적이 있었다고 했지. 내 딸 포함하여 4명이 손을 들었을 때 옆자리 친구가 부러운 시선으로 쳐다보았다지. 그 이야기를 하면서 넌 "우리 엄마 최고야"를 외쳤어. 순간 엄마도 모르게 고개를 슬며시 돌렸지만 조잘대는 네 입에서 사탕 향기 났었어. 더 미안하고 고마웠어. 이제부터는 최선을 다하는 엄마의 모습을 보여줄게.

배움엔 끝이 없다

불현듯 지난날의 일들이 파노라마처럼 머리에 스쳤다. 4년 동안 한 번도 교과서를 집에 들고 들어가지 못하고 가족들이 알게 될까 두려워 현관 소화전 안에 넣어놓고 학교 다녀야 했다. 그래도 행복했어. 이루어야 할 뚜렷한 목표가 있었으니까.

배움엔 끝이 없다고 한다. 끝없는 배움에 도전하고 학력 인정이란 단어를 깨부수며 아직도 학업에 열중인 나 자신을 난 사랑한다. 포기와 후회, 주위 시선보다 더 중요한 건 나를 찾는 당당함과 나를 채워감이 아닐까?. 오늘도 무엇인가에 도전하는 나를 꿈꾼다. 은하야! 너 대단히 자랑스러워.

쉿! 내 안의 숨은 페이지들

박종남

포기하지 않는 삶. 건강이든! 사람 관계든! 도전이든! 99번 시도하고 실패했으나 성공은 100번째 찾아온다.

졸업장의 의미

1학년 | 박종남

한 달 내내 긴장이 풀려서인지 무기력감과 의욕 상실로 몸도 마음도 만신창이 되어 마디마디 통증에 몸살을 앓았다. 입원 중 몇 차례 검사하면서 마취 중에 산소가 잠깐 멈추는 위기를 넘기기도 했다. 내일이라는 단어는 망각한 채 그냥 하루가 스쳐 갔다. 이정식 교수님의 안부 문자 한 통에 정신이 번쩍 들었다. 그래! 모두에게 주어진 하루라는 선물이지만 그 하루를 어떻게 채워 나가느냐에 따라 내일이 달라진다. 삶의 끝자락은 언제든지 찾아온다. 눈 뜨고 살아가는 나 자신은 평범한 하루 속에서도 하찮은 존재가 아닌 가치 있는 존재가 되어야 한다.

나는 3남 8녀 중 막내로 태어났다. 가난한 집에 대가족으로 고령의 부모님이 생계를 이어 나간다는 건 여간 쉽지 않았을 터다. 그나마 집이라도 있고 방이 많아 세입자들도 함께 살아서 수입은 되지만 넉넉한 생활은 아니었다.

어느 날 책 읽기를 좋아하는 나를 위해 아버지는 동화책 한 권을 구해왔다. 얼마나 좋아했는지 책이 너덜너덜해지며 떨어질 때까지 읽고 또 읽었다. 그 당시는 책을 구하기가 힘든 시기였다.

나는 선생님이 되고 싶었다. 동네 꼬마들을 담벼락에 나란히 앉힌 채 작대기 하나를 손에 쥐고 "여러분 여기를 보세요"라면서 선생님 흉내 내면서 노는 걸 좋아했다. 학교에 가고 싶어 언니 몰래 따라가서 창밖에 숨어 칠판을 훔쳐보며 한글을 배울 정도였다. 지금 생각해보니 내가 신동이었나 하는 착각에 빠진다.

드디어 왼쪽 가슴에 하얀 손수건을 달고 엄마 손 잡고 초등학교에 입학했다. 그런데 아이들이 나를 보고 놀려대기 시작했다. 늦둥이 막내다 보니 나이 많은 엄마 머리의 비녀를 보고 할머니랑 왔다고 놀려댔다. 그래도 난 우리 엄마가 좋았다. 내 엄마니까.

초등학교 6학년 되던 해 처음으로 집으로 쫓겨왔다. 육성회비 300원을 가져오라고 한다. 집에 가 본들 없는 돈이 갑자기 생기지 않을 것을 알고 있었다. 친구들과 어울려 놀다가 다음날부터는 학교에 갈 수 없었다. 엄마는 회비를 낼 수 없어 졸업을 목전에 두고 학교를 그만둔 나를 보곤 등 돌려 눈물을 삼키고 흐느꼈다.

"똑똑한 우리 막내! 학교 못 보내는 이 못난 애미를 어찌할꼬"

가슴을 움켜잡으며 길게 한숨을 내 쉬며 한탄했다. 새벽에 눈 뜨면 항상 쭈그리고 앉아서 나를 보며 안타까운 시선으로 눈물짓고 있던 울 엄마의 그 모습이 아직도 눈에 선하다.

학교에 너무나 가고 싶었다. 아이들 학교 가는 모습을 담벼락 뒤에 숨어서 보는 내내 부러움에 소리 없이 울고 있었다. "학교 가고 싶다! 나도 학교 가고 싶다고요! 나도 저 아이들처럼 책가방 들고 학교 가고 싶어요!"

28kg의 작은 아이는 수백 대의 모터 소리가 요란한 방직공장에 취직했다. 전쟁터 같은 현장 속에서 작은 체구의 나는 이리 뛰고 저리 뛰고 바빴지만, 선배의 앙칼진 고함과 동시에 실 동태 몇 개가 머리 위로 휙휙 날아다녔다. 직장에서 함께 근무하는 동료가 초등학교 졸업장 받으러 학교에 간단다. 졸업장! 나는 단 한 번이라도 졸업장을 받을 수 있을까? 그 친구가 너무 부러워 물끄러미 바라만 보았다.

한 가정의 엄마가 되었다. 배우지 못한 서러움과 이루지 못한 꿈을 자식들에겐 느끼게 하지 않겠다는 신념 하나로 열심히 살았다. 좀 더 잘살아 보겠다고 시작한 남편의 사업 실패로 인해 단칸방으로 이사하게 되었다. 무언가 하긴 해야 하는 데 갈 곳이 없어 집에서 머무르고 있을 때 계몽사 수금 사원이 옆집에 수금하러 왔다 "저 아저씨, 저도 책 영업 좀 하면 안 될까요"라고 했더니 다음날 바로 영업 과장님이 출근하도록 했다. 돈을 벌 수도 있지만, 우리 아이들에게 한 권의 책이라도 더 읽게 해주고 싶었다. 그렇게 우리 집은 서점처럼 책으로 가득 채워졌다.

나는 책 읽기를 무척 좋아한다. 책을 읽고 있노라면 많은 사람과 대화하듯 책 속 주인공들의 삶 속에 빠져든다. 책이란 삶의 터전이요 삶의 놀이터였다. 진리와 사랑, 지식, 희망 등 모든 것이 들어있다. 그래서 '책 속에 길이 있다'라고 하는가 보다.

초등학교 졸업장도 없으면서 고등학교 졸업이라고 이력서에 적어서 보험회사에 취직했다.

단체 교육을 이수하게 되면 영업할 수 있는 특혜가 주어진다. 한 조에 열 명씩 조를 짜서 현장 개척에 나서게 되었다. 난 우리 조의 조장이 되어 시장 상인들을 찾아다니고 설문 조사를 하면서 우리 팀 모두에게 잘할 수 있다고 용기와 희망을 심어주면서 최선을 다했다. 그 결과 나는 그 많은 사람 가운데 2등이란 개인상을 받으며 영광을 얻게 되었다. 끈기와 노력으로 맺은 결실이니 '나'라는 존재 가치가 너무나 빛나 보였다.

웃지 못할 첫 해외여행의 에피소드가 생각난다. 사원들과 같이 태국으로 떠나는 첫 해외여행이다. 일 잘한다는 보상으로 내려진 여행이다. 공항에서 방송으로 내 이름을 수없이 불러댔다. 그런 사실도 모르고 국제 공항을 활보하고 다녔다. 젊고 똑똑한 사원이 옆에 있었기에 마음 놓고 다니고 있었던 것이었다. 짐은 이미 실었고 비행기는 이륙해야 한다. 지점장은 나를 위한 여행길이기에 행여나 비행기를 타지 못하고 돌아갈까 봐 노심초사하며 쓰러지기까지 했다고 한다. 이후 공항 측의 안내를 받으며 7시간을 기다렸다가 태국으로 출발할 수 있었다.

한번은 친구가 운영하는 가게에서 우연히 벽보에 붙은 홍보지를 봤다. 늦은 나이에도 2년만 학교에 다니면 졸업장을 받을 수 있다는 내용이었다. 안 본 척하면서 고개를 돌리는데 친구가 그 학교에 다니고 있다면서 나에게 권유했지만, 관심 없는 척 돌아섰다. 초등학교 졸업장이 없다는 걸 들킬까 봐 도망치듯 가게를 뛰쳐나왔다.

하루는 남편이 타지에서 근무하던 중 갑자기 집으로 왔다. 내게 팔을 내보이며 언제부터인가 혹이 자꾸 커진단다. 물혹이겠지 싶어 대수롭지 않은 듯 병원을 찾아가 혹을 떼 내는 수술을 했다. 며칠 후 병원에서 남편과 함께 오라고 연락이 왔으나 남편은 타지에서 근무 중이기에 나 홀로 병원에 갔다. 진료 확인서를 보는 순간 가슴이 철렁 무너져 내렸다. 눈앞이 캄캄해지면서 눈물이 주체할 수 없을 정도로 줄줄 흘러내렸다. C49.1로 기재되어 있다. 보험회사 다녔던 경력으로 병명 코드를 잘 알고 있는 터라 암이라는 걸 안다. 희귀한 육종암이다. 2017년 그해 남편은 몇 차례 수술과 33번의 방사선치료와 입원을 거듭하며 투병 중이었다.

남편을 간병하면서 직장을 그만둔 나는 우연히 TV 방송으로 부경학교에서 만학도 학생들이 공부하는 방송을 보게 되었다. 나와 비슷한 또래의 사람들이 그곳에 있었다. 기대 반, 설렘 반으로 학교에 전화했다. "여보세요, 혹 저 같은 사람도 갈 수 있나요?." 전화기 너머로 들리는 친절한 목소리는 준비할 서류와 함께 학교 약도를 상세하게 안내해 주었다.

그렇게 중학교에서 공부하게 되었다. 살아오면서 수없이 꿈꾸고 갈망했던 세월이 주마등처럼 스쳐 간다. 코로나로 인해 매일 학교에 갈 수 없다는 게 너무나 아쉬웠지만, 파란 칠판에 하얀 분필로

쓱싹쓱싹 써 내려가는 영어 글자 하나하나가 나비처럼 날아다니며 나풀 대니 예술이다. 배우는 즐거움에 내 마음도 덩실덩실 춤을 춘다.

학교로 올라가는 길은 너무나 좁다. 한 줄로 길게 줄지어 걸어가는 학생들의 모습은 고목 나무에 꽃이 만발한 가로수를 연상하듯 아름답다. 하얀 꽃, 노랑꽃, 검은 꽃 머리에 각양각색의 책가방 하나씩 등에 짊어지고 '하나, 둘' 구령에 맞춰 걷다가 다리가 아파 중간중간 쉬기도 하면서 올라간다. 하하, 호호, 재잘재잘 어르신들은 무슨 할 말이 그리도 많은지 등굣길은 언제나 즐겁다.

어느새 2년이 흘렀다. 꿈만 같던 짧은 시간이지만 수업 시간 내내 행복했다. 중학교 졸업식 날짜가 되었다. 선생님이 '박종남!'하고 내 이름을 부르며 졸업장을 건넸다. 졸업장을 받는 순간 '왈칵' 감격의 눈물이 앞을 가렸다. 두 손 감싸 쥔 채 하늘을 우러러 힘껏 외쳤다.

"엄마 저 졸업장 받았어요. 엄마 저 보고 계시죠? 봐요. 여기 보이시죠? 날 졸업 못 시키고 눈물로 지새우시던 엄마. 딸 막내가 졸업장 손에 들고 엄마에게 바쳐요. 엄마!"

이제 고등학생이다. 나이는 숫자에 불과하나 고등학생의 노련함이 풍기는 그 자체가 아름답다. 차렷! 열중 쉬엇! 나는 반장이다. 우리 반을 위해 봉사한다. 성실과 노력으로 학우들과 잘 형성된 관계를 유지하며 잘 지내보리라. 어르신들의 학교생활은 희로애락을 갖춘 삶의 현장이다. 학교생활에서 하고 싶은 게 너무나도 많다.

그런데 시간이 너무 짧다. 수학여행도 가고 소풍도 가고 삼삼오오 모여서 수다도 떨어야 하니 하루하루 소중하지 않은 날이 없다.

너무 좋아서 너무나 행복해서 시기 질투하는 악마의 방해꾼이 나에게 찾아왔다. 몇 달만 있으면 곧 졸업인데 안돼. 어떻게 여기까지 왔고 얼마나 힘들게 왔어. 절망감에 빠져 한참을 고민하다가 졸업을 포기하기로 했다. 나에게 졸업장이란 다시 없다고 생각하니 뜨거운 눈물이 밤새도록 가슴을 적셨다.

이른 새벽! 기분을 전환할 겸 따뜻한 커피 한잔을 손에 들고 문을 활짝 열고 나섰다. 상큼한 바람으로 베란다에 길게 늘어선 꽃과 나무들이 생기발랄하게 춤을 춘다. 건너편의 뿌연 하늘에 어두움이 조금씩 벗겨져 가고 있다. 동트는 새벽하늘은 그지없이 아름답다.

여느 때와 같이 노트를 펼쳐 들고 지나간 작년 여름을 잠시 되돌아본다. 당시 여름방학에 맞춰 건강검진을 받기 위해 병원에 갔다. 예전에 뇌경색으로 한번 쓰러진 적 있었다. 가끔 위, 아래 눈썹이 달라붙은 증상에 혹시나 뇌에 이상이 있지 않을까 하는 두려움에 받았던 건강검진이다.

의사 선생님은 CD, 검진 결과서, 소견서 등이 든 서류 봉투를 내밀면서 "큰 병원으로 가 보세요"라는 것이 아닌가? 병명 코드를 보는 순간, 우리 애들이 먼저 생각났다. 아! 어떡해. 어떡하지. 미안하고 또 미안하다. 어떻게 부모 둘 다 특이한 암이라니. 이를 어쩌나.

암 병동 6인실! 병실에 들어서는 순간 숨이 콱 막혔다. 침대마다

졸업장의 의미 __ 75

커튼으로 사방을 막아놓았다. 시간 흐름에 맞춰 침실마다 들려오는 끙끙 앓는 신음에 울음 천지다. 대체 여기가 병원보다는 지옥인 듯하다.

다음날 한 환자가 들어 왔다. 육종암 환자란다. 남편과 같은 병을 가진 분이다 보니 더 애착이 가고 마음이 아프다. 암 덩어리가 도망 다니다가 이젠 머리에 떡 하니 달라붙어서 전신을 마비시켰단다. 그 환자는 인사도 하기 전에 몇 시간 동안이나 울었다. 그녀는 보호자 없이는 앉지도 서지도 못할 정도로 거동이 불편하다.

성격이 좋은 내가 간병인 역할까지 하면서 병실 분위기를 싹 바꾸어 놓았다. 그때부터 가림막에 가려져 분리되었던 환자들은 병실은 어떤지, 어떻게 아픈지, 무엇 때문에 병을 앓는지, 어떤 치료 중인지 등으로 대화했다. 이야기 도중 웃기도 하는 사이 퇴원하는 이들이 있었다. 난 퇴원하는 이마다 성의껏 배웅했는데 돌아서는 그들의 뒷모습에 가슴이 너무 아프다. 그들은 휘청거리며 겨우 걷는가 하면 어지러워 지팡이에 의존해서 걷기도 했다. 그 모습이 향후 내 모습이지 않을까? 싶음에 불안하다.

이번엔 암 환자들만 생활하는 병원으로 옮겼다. 여기도 마찬가지로 침실마다 커튼이 사방으로 막혀있어서 답답했다. 암 환자들은 커튼으로 사방을 다 가리고 치료받으며 생활한다. 머리 다 빠지고 없는 자기 모습을 남한테 보여주기 싫기도 하지만, 고통스러워 몸부림치는 모습을 안 보여주고 싶기 때문이다. 특히, 면역이 약하기에 매우 조심해야 한다.

다음날 난 병실 분위기를 싹 바꿔 놓았다. 아침이면 커피 배달부터 시작한 나의 밝은 행동으로 인해 우리 병실은 하루 내내 북적거리던 사람들의 웃음소리가 간호사실까지 들릴 정도로 화기애애한 분위기로 변했다.

이런 분위기에 어울리지 못하는 이가 있다. 항암치료 중인 선자 언니가 며칠간 지옥의 고통에 시달리고 있다. 지옥에서 헤어나기 위한 몸부림이다. "언니야, 뭐 먹고 싶어? 그래 닭발 좋아하지? 매콤한 닭발 사러 깡통시장에 갔거든, 단골집 겨우 찾아서 닭발 샀다." 닭발을 내미는 나를 보며 선자 언니 한마디 한다. "닭발을 통채로 사지 않고 껍질만 사 왔다"라며 퉁명스럽게 말한다. 선자 언니는 평소에 정감있게 욕을 잘하는 편이다. 그래. 차라리 욕이라도 해. 아파서 누워 앓지 말고 언니 참 잘했어요.

여름은 가고 신선한 가을바람이 코끝을 스칠 때 우리 병실 라인에 같이 먹고 놀고 웃고 산책도 하면서 지내던 몇 사람 하늘나라 갔다는 소식이 들려왔다. 나랑 같은 병명을 가진 암 환자도 그렇게 세상을 떠났다. 남들 보기엔 아무렇지도 않았는데 왜 갑자기 하늘나라로 떠나는지 도무지 이해할 수가 없다.

순간! 울부짖음에 가슴이 찢겨 나간다. 오늘 퇴원한 환우는 밤새 고통 속에 헤매다가 집으로 돌아갔다. 이곳은 삶과 죽음의 귀로에 서 있다. 여기는 암흑의 세계인가. 예수님께서 걸으신 십자가의 길인가? 아픈 고통보다 어떻게 내가 살아왔는가를 반성하는 시간이다.

병원 입원 중 많은 학우가 병문안 와서 용기와 희망을 북돋아

주었다. 가장 반가운 것은 병가로 결석을 처리하게 되면 졸업장은 받을 수 있다고 하여 선생님에게 입원 확인서를 제출했다. 멀리 환희의 등불이 환하게 나를 비추었다. 절망감에 빠져 허덕일 때 졸업장이라는 희망의 끈이 나를 다시 일으켜 세웠다.

입원하여 암 병동에서 치료받던 중 선생님에게서 온 전화다. "잠깐 학교에 와서 대학교 입학원서를 써 놓고 가라"라고 한다. 내가 대학교 갈 수 있을까? 그즈음 각 대학교에서 학교 홍보차 우리 학교에 많이 온다고 했다. 원서만 써 놓고 대학교 가지 못하면 뭔 소용 있겠느냐 싶어 망설였다. 입원 중 잠깐 학교에 갔다가 부산여자대학교의 원서 딱 한 장만 작성했다. 합격이 되면 다행히 학교에 갈 것이고 불합격이면 할 수 없다. 막연한 이 생각에 그냥 적어 놓고 병원으로 돌아왔다. 병실로 들어오니 내가 걸어왔던 지나간 세월이 스크린의 한 장면씩 되어 스쳤다. 세차게 발길질하면서 벌떡 일어났다. 여기 누워서 내가 할 수 있는 게 무엇이며 누워있다고 달라지는 것 또한 무엇인가?.

퇴원 후 다시 고신대 병원 창구에 앉아 번호표 뽑아서 대기하는 중이다. 이전에 학습 부장님이 보내준 부산여자대학교 약도를 보고 있다. 순간 눈물이 왈칵 쏟아졌다. 그렇게 갈망했던 공부 아닌가. 어떻게 해서든 무슨 일이 닥쳐도 졸업만은 해야 한다고, 또 그렇게 하고 싶다고 하지 않았었던가. 얼마나 갈구하면서 온갖 수모와 수난을 참고 견디어 왔는데 이젠 난 어떻게 되는 걸까? 내가 가야 할 곳은 어디일까? 눈물을 글썽이며 우두커니 앉아 있으니 어떤 한 분의 안타까운 시선이 느껴진다. 사람들 만나면 아무렇지도 않은 듯 난 괜찮아. 괜찮아지고 있어. 잘 견디어 왔는데 대학교 약도를 보는 순간 가슴이 찢어지게 아프다. 희망의 끈을 놓지 않으려고 안간힘을 써보지만, 무너질 땐 세상을 다 산 것처럼 나약해진다. 누군가는 나를 비난할 수도 있겠지. 또 누군가는 가슴 아파도 하겠지. 눈 감으면 모두가 부질없는데 왜 이렇게 한세상이 고달플까?

건강 상태가 조금 좋아지면서 마음에 쌓인 찌꺼기를 훌훌 털어버리고 학교로 가기로 마음먹었다. 마지막 남은 고등학교 수업하면서 졸업여행도 가고 졸업 사진도 찍고 오로지 졸업을 향해 또다시 달려보자. 내가 대학생이 될 수 있다는 꿈 같은 현실이 눈앞에 펼쳐져 있기에 한 발짝, 한 발짝 내딛는 발걸음이 닿을 때까지 달려보리라.

우여곡절 끝에 드디어 고등학교 졸업식인데 두 번째 졸업장을 받는 날이다. 가슴이 먹먹하고 심장이 터질 것 같다. 교복은 단추가 없어 벌어져 있고 모자는 삐뚤삐뚤 제대로 쓰지 않아도 우리는 졸업이라는 그 단어가 너무 좋

인생은 지금부터!. 힘든 삶 속에도 한걸음, 한걸음 전진하며 매 순간 열심히 하여 졸업장이란 큰 선물을 받고 있다. (김정자 학우와 한 컷- 오른쪽이 나)

아서 서로서로 마주 보며 웃음을 자아내며 성대한 졸업식을 맞이했다. 그렇게 나는 두 번째 졸업장을 가슴에 끌어안고 "감사합니다. 감사합니다" 소리를 연거푸 내뱉으며 감사의 기도를 했다.

기다리고 기다리던 부산여대 면접일 공지 문자가 왔다. 꼭 합격해야 한다. 불합격이라면 갈 곳이 없다. 다음 해를 기약해야 한다. 면접관님 앞에 번호대로 나란히 앉아 순서를 기다린다. 콩닥콩닥 심장 박동 소리가 들린다.

"안녕하십니까? 저는 부산여대에 꼭 합격이 되어야 합니다. 꿈을 키우는 여대생이 되고 싶습니다"하고 큰 소리로 외쳤다. 그 말에 면접관 한 분이 빙그레 웃으셨다. 알고 보니 한승협 학부장님이다.

나의 절박한 심정이 전해졌는지 합격 통지서가 왔다. 꿈인지 생시인지 초등학교 졸업장도 없이 시작한 나에게 대학생이란 명칭이라니!. 나는 어떤 모습으로 성장해 갈까? 또다시 무한한 꿈을 안고 도전해 본다. 사회복지사가 되어 있는 멋진 나의 모습에 스스로 감탄하며 격려하며 또 위로하며 살아갈 것이다.

그렇게 부산여대에 입학하여 학문을 닦으면서 학교와 집 그리고 병원을 오가며 꾸준히 치료하고 있다. 햇살이 집안을 가득 채우고 있다. 간혹 들리는 이름 모를 새소리가 아침엔 더욱 정겹다. 살며시 두 손을 모은다. 살아있음에 감사하며 살아온 날을 돌아볼 수 있음에 감사하며 앞으로 열심히 잘 살겠다는 다짐을 할 수 있게 해주심을 감사한다. 그렇지만 '괜찮겠지'라고 생각하면서도 가끔 두렵기도 하다.

　이 글을 쓰면서 글 속에 같이 생활하던 선자 언니가 생각나서 오랜만에 전화했다. 맛은 느낄 수 없지만, 밥을 먹고 차 마시는 등 여러 맛집을 찾아다니면서 함께 꽃마을에 가는 행복감을 잠시 떠올렸다. 전화기 너머로 들리는 목소리는 선자 언니가 아니다. 순간 가슴이 철렁 내려앉았다. 예상대로다. 언니! 언니가 내게 투정 부리며 정감 있게 툭 던지던 말들이 생각났다. 처음 글을 적으면서 내용 속에 올렸는데 결국엔 하늘나라 가버렸다. 함께 지내며 울고 웃던 날 들을 새겼다고 자랑하고파 전화했는데. 그 언니 말들이 책 속에 있어서 출간되면 한 권 건네고 싶었는데 참 사는 게 허무해진다.

　언젠가 가야 히는 머나먼 길이지만 왜 이렇게 가슴이 미어지듯 아플까? 어제 아침엔 우리 아파트 옆 동에 사는 친구가 커피 마시러 집에 왔는데 친구 서방님이 나랑 같은 암 병명으로 5년 투병 끝에 세상을 달리했다고 한다. 어제 마지막 이승 길을 떠났단다.
　우리는 모두 마음에 링거병 하나씩 달고 사는지도 모른다. 서로 미워하고 증오하는 마음일랑 다 버리고 선하고 좋은 마음들만 안고 살자. 미워하고 증오하고 찡그리면 그만큼 스트레스가 되어 병의 원인이 된다. 이젠 힘들겠지만 조금씩 내려놓자. 아주 조금씩이라도 나에게 조그마한 실수든, 뭐든 다 이해하고 용서하고 좋은 마음으로 살아가자.

암이란 언젠가는 돌려보내야 할 내 친구다. 걸어가는 길목에 동행하는 반려자다. 암이라는 친구야! 우리 싸우지 말고 천천히 가자. 대학교 졸업장이 기다리잖니. 그래도 난 이 친구와 더불어 살며 꼭 사회복지사가 되어 어려운 사람들에게 빛이 될 거야.

쉿! 내 안의 숨은 페이지들

김해연

학문과 다도 등의 동아리 활동을 통해 사회복지와 인간 존중을 배우는 과정에서 배움이란 깨닫는 것임을 알았다. 사랑을 나눌 줄 알고 초콜릿처럼 스윗한 품성으로 유쾌하게 살아가려고 하며 참된 인간다움을 가꾸려고 노력하는 나

그리운 내 부모가 나를 성장시켰다

4학년 | 김해연

　유난히도 추웠던 어릴 적 시절의 겨울날을 아직 잊을 수가 없다. 산골의 겨울은 살이 쩍쩍 갈라지는 추운 날씨다. 눈 내리는 날씨는 더욱 그렇다. 그날은 하염없이 내리는 눈으로 온 산과 늘이 새하얗다.
　눈이 그치면 아버지는 땔감을 구하러 지게를 메고 나섰다. 어린 마음에 나도 뒤 따라나섰다. 세차게 부는 바람에 흩날리는 눈이 햇빛에 반사되어 반짝이며 빛난다. 콧등은 시리다 못해 콧물이 흐르고 시린 손은 입김을 불어 넣어보지만 무감각하다. 발목까지 쌓인 눈에 발이 계속 빠지니 신발이 축축하게 젖어 발가락이 시리다 못해 끊어질 것 같다. 한 발짝, 한 발짝 내디뎌보지만 몇 발짝을 가지도 못하고 시린 발 때문에 동동거렸다. 한참 지나니 감각이 없어서 신발이 벗겨진 줄 몰랐다. 이를 본 아버지는 "따라오지 말랬지"라며 안쓰러워하신다. 언 발을 두 손으로 감싸면서 신발을 신겨주셨다.

　우리 집에서는 기르던 개 누렁이를 덕구라 불렀다. 학교를 갔다 오면 어찌 아는지 항상 먼 거리에서도 달려와 꼬리를 흔들며 반긴다. 우리 남매는 누렁이 덕구를 무척이나 아꼈다. 어느 곳을 가든지 졸졸 따라다니던 덕구가 팔려 가는 걸 보고, 우리 남매는 안 된다며 낑낑거리며 안 가려는 덕구를 부둥켜안고 울었다. 덕구가 멀리 사라질 때까지 바라보며 울었다. 아버지는 우리를 한참을 달랬지만, 누렁이 덕구를 그리워하며 울고불고 떼를 썼다. 아버지는 우리를 달래려고 검정 고무신을 사 왔다. 우리는 그 검정 고무신을 부둥켜안고 덕구가 살던 집으로 가서 덕구야! 덕구야! 부르며 대성통곡을 했다. 새 신발 신고 걷는 와중에도 신발에 흙이라도 묻을까 봐, 전전긍긍하며 새 신발이 닳을까, 싶은 생각에 힘을 빼고 까치발로 걸었다.

　아버지는 충청도 출신으로 법 없이도 사는 호인이라고 동네 사람들에게 소문이 자자했다. 가족은 힘들어도 아버지는 항상 남을 먼저 생각했다. 어떠한 오해를 당해도 그냥 넘어갔다. 그게 답답했던 내가 왜 가만히 있냐고 물으면 "하늘이 알고 땅이 안다. 참는 것이 이기는 것"이라고 말했다.

　추운 겨울날이면 부모님과 함께 4남매가 좁은 단칸방에서 따끈따끈한 아랫목을 서로 차지하기 위해 벽을 지렛대 삼아 서로 밀어내기에 야단법석이다. 그래도 좁은 단칸방에서 우리는 옹기종기 모여 가족들의 온기로 그 추운 겨울을 이겨냈다.

아버지는 당시 한 번씩 외주로 돈 벌러 다녀오시는 거로 기억된다. 넉넉지 않은 형편이었다. 그런데도 아버지는 동네를 배회하던 걸인이 안쓰러웠는지 집으로 데리고 들어왔다. 그 걸인은 남루한 누더기를 입고 피골이 상접하여 형편없는 몰골이었다. 저녁밥을 먹이고 하룻밤을 자고 가라며 단칸방에 우리와 함께 재웠다. 아버지가 거지에게 베푸는 일을 나도 어린 마음에 당연한 것으로 여겼던 것 같다. 그래도 그런 아버지를 나는 마냥 좋아했다. 엄마는 자신을 고생시키는 아버지를 미워할 법도 한데 아버지에게 푸념하는 적이 없었다. 내 아버지는 항상 예의를 강조하고 안동김씨 양반의 자손임을 늘 자랑스러워했다.

나는 장녀로 태어나 아버지를 오랫동안 보고 자란 탓인지 아버지의 성향을 많이 닮았다. 어려운 사람을 보면 챙겨 주고 싶고 남의 아픔이 내 아픔으로 느껴졌다. 이런 나의 성향이 싫었다. 그래서인지 감정적으로 동요되지 않는 이성적이고 냉철한 사람이 되고 싶을 때가 종종 있다.

나의 엄마는 1남 3녀 중 막내딸이다. 외할아버지는 시집간 막내딸이 고생하며 산다는 생각에 늘 걱정이었던 모양이다. 얼마나 마음이 쓰였으면 경기도 여주에서 우리 집까지 무거운 쌀가마니를 지고 그 먼 거리를 어떻게 오셨을까.

지금 생각해봐도 외갓집에서 우리 집까지 거리는 백 리가 훨씬 넘는 엄청난 거리다.

어렸을 때 아주 멀리 떨어진 외가에 갔던 적이 있다. 당시 버스를 타고 내리길 거듭하며 하염없이 걸었던 기억이 어렴풋하게 난다. 외가에는 외할아버지와 외할머니 그리고 외삼촌 부부가 함께 살고 있었다. 외할머니는 나를 부뚜막으로 불러내고선 낡고 닳은 바지춤에서 꼬깃꼬깃해진 쌈짓돈을 꺼내더니 엄마에게 가져다주라며 내 주머니에 깊숙이 찔러 넣었다. 외할머니는 고생하며 사는 막내딸인 나의 엄마가 아픈 손가락이었을 것이다.

엄마는 "돌아가신 외할머니께 수의를 입히는데 가슴이 새까맣게 탔더라"라며 목놓아 울었다. 외할머니 생전에 아픈 손가락인 막내딸이 힘들게 사는 모습을 가슴에 응어리로 안고 돌아가신 것이다. 그래서인지 나는 시집가면 부모님께 걱정을 끼치지 않고 잘 살아야지 하고 다짐했다.

내 나이가 15세 때 고향 땅을 떠나 상경했다. 서울의 도심은 화려한 네온사인과 고층 아파트로 즐비해 그동안 경험해보지 못한 세상이었다. 고모는 당시 서울 명동에서 '부루의 뜨락'이란 레코드 음반 매점을 운영했다. 지금은 역사적인 미래문화유산으로 선정되었다. 고모 가게에서 일하겠다고 하니 공부 마치고 오라며 등록금을 쥐여 주곤 집에 가라고 했다. 그때 아버지도 나에게 공부를 하라고 했지만 나는 가정형편이 녹록지 않아 살림에 도움이 되기 위해 일하겠다고 우기며 버텼다. 결국 내 의지대로 고모 가게에서 일할 수 있었다.

세종문화회관에서 공연이 있는 날이면 들어온 광고물을 전달하러 갔다. 그 당시 내 눈에는 모든 것이 화려하게 보였고 공연단에서 연예인도 볼 수 있었다. 화려한 세상을 눈으로 보고 귀로 들으니 나도 꿈이라는 것을 잠시 꿨었다. 멋진 연예인이 되어볼까?, 가수가 되어볼까? 김학송 작곡가를 찾아가 교습받기도 했다. 나름대로 가능성이 있다는 좋은 평도 들었지만, 얼마 지나지 않아 나 자신을 알게 되면서 헛된 꿈이라 생각하고 포기하였다. 지나고 보니 잘했다는 생각이 든다.

시내를 걷다 보면 양 갈래머리의 흰 카라 교복을 입은 여학생들이 대학가를 지날 때 가방을 어깨에 걸치거나 옆구리에 책을 들고 다니는 모습이 부러웠다. 아버지가 술 한 잔 마신 날이면 나를 보고 어김없이 "애련아! 넌 뭐라도 될 놈인데 가르치지 못해 미안하다"라는 푸념을 늘어놓곤 했던 일들이 파노라마처럼 뇌리를 스쳐 갔다.

아버지와 고모가 공부하라고 할 때 말을 듣지 않은 것이 후회스러웠지만, 우리 집 형편이 어렵다는 것을 알기 때문에 공부를 포기한 것에 대한 의미를 크게 두지 않았다.

그 시대에 가난은 모두가 그렇게 살아가는 거고 당연한 거로 여긴 것 같다. 가난을 원망하지도, 부모님을 원망해본 적도 없었다.

음반 가게를 그만두고 의류 만드는 회사를 들어갔다. 내 적성에 맞았다. 다양한 디자인의 제품을 만들어서 회사 기념일 행사가 있으면 개성에 맞는 스타일로 뽐내기도 했다. 손재주가 있다고 하던 엄마의 말이 종종 생각났다.

7년 동안의 직장생활을 마치고 1982년도에 결혼했다. 외사촌

오빠가 군 복무 시절, 나를 자신의 애인이라고 둘러대며 내 사진을 선임에게 보여준 것이 남편과의 연분이 된 계기다.

남편은 군대 전역 후 준비가 되지 않았지만, 우리는 결혼식을 올렸다. 결혼 패물은 아주 간소하게 마련했다. 신혼살림은 남편의 직장이 있는 울산에서 차리며 월세방부터 시작했다. 첫아이의 출산을 앞두고 산후조리를 하기 위해 친정으로 갔다. 첫 손주를 안은 아버지의 기뻐하던 아버지의 모습이 아직도 생생하게 잊히지 않는다. 딸이 시집을 가서 그 집안에 아들을 낳았다는 뿌듯함이 더했을 거라고 생각된다. 엄마는 일을 다니면서도 나의 산후조리까지 챙겨야 했다. 출산할 때 첫 아이의 몸무게는 4Kg가 넘었다. 친정엄마는 힘든 내색 하나 없이 밤잠을 설치면서도 "여자는 자식 낳고 산후조리를 잘해야만 한다. 바람이 들어가면 안 된다"라고 살뜰히 챙겨 주셨다. 나의 엄마는 얼마나 힘드셨을까. 그 은혜를 어떻게 갚을까.

어느 날 친정아버지가 더운 여름 날씨에도 불구하고 선풍기 한 대와 마늘 한 접을 등에 지고 오셨다. 경기도에서 울산까지 그 먼 거리를 시외버스를 여러 번 갈아타면서 장시간에 걸쳐 왔을 거라 생각된다. 예전에 동생이 내가 살던 곳에 놀러 왔다가 단칸방에서 선풍기 없이 지내는 모습을 보고 부모님에게 알렸던 모양이다. 그 옛날 외할아버지가 막내딸 우리 엄마를 생각하여 백 리 길을 쌀가마니를 지고 오셨듯이 나의 아버지도 장녀인 나에게 그랬다. 그때는 교통편도 불편했을 때다. 어떻게 오셨는지 지금 생각해보면 부모의 자식 사랑하는 마음은 무한한 관심과 사랑의 끝이 없다는 것을 절실히 느낀다.

정부의 산아제한 인구정책으로 '하나만 낳아 잘 기르자', '딸 하나! 열 아들 안 부럽다'라는 포스터가 전국 방방곡곡의 벽에 나붙었다. 남편은 예비군 훈련 가서 정관수술을 하고 왔다. 당시 산아제한 정책으로 예비군 훈련 시 정관수술을 무료로 시술해주었다. 남편은 박봉으로 하나만 낳아 잘 기르자고 말했지만, 나는 생각이 달랐다. 첫째는 아들을 낳은지라, 성별 가리지 않고 하나 더 낳겠다고 했다. 이왕이면 나를 닮은 딸을 낳고 싶은 마음이 간절했다. 나의 간절한 마음을 하늘이 아셨는지 둘째가 생겼고, 사랑스러운 딸을 출산했다.

딸은 자라면서 나를 닮지는 않고 시댁 식구를 닮아갔다. 그래도 원하던 딸이라서 좋았다. 나의 유년 시절 가난은 했어도, 오빠와 동생들과 싸우기도 하고, 서로 의지하며 알콩달콩 지내던 시절이 좋았다. 그래서 아이가 혼자 중얼대며 노는 걸 보았을 때 형제라도 많으면 서로 치대며 책임감과 배려심으로 관계 형성을 키워나가는 기본이 된다고 생각했다. 남편이 정관수술을 하지 않았다면 아마도, 넷 정도는 낳았을 것이다. 지금이야 인구가 급속하게 줄면서 두 명도 다자녀라는 세상이다. 그래서 나는 나 스스로 애국자라고, 나 자신에게 자랑스럽다고, 또 현명한 선택이었다고 칭찬할 때가 있다.

한 번씩 딸을 놀리곤 하는데 "이 좋은 세상에 엄마 아니었으면 너는 없다"라며 서로 웃곤 한다.

  남편은 직장에서 인정받는 엔지니어였다. 직장생활을 그만두고 부산으로 와서 자영업을 시작했고, 누구의 도움도 없이 자신의 노력으로 자수성가했다. 친정 남매 중에 형편이 우리가 가장 좋다 보니, 남편은 경기도에 계신 친정 부모님을 부산으로 모시자고 했다. 장인 장모님을 모시고 싶어 하는 남편의 마음은 고마웠지만, 친정 부모님이 오래도록 살던 터전을 떠나는 결정은 쉽지 않았을 것이다. 한번 의견을 내면 끝까지 관철하는 성격의 남편은 결국 친정 부모님을 부산으로 모시게 되었다. 지금 와서야 남편에게 참, 고마웠다고 전하고 싶다.

  남편 사업장 옆에 마당이 있는 주택에 모셨는데, 남편 직장에는 남편 직계 형제들이 근무하고 있었다. 오가다 사돈 가족이 보이기라도 하면 눈에 띄면 친정 부모님은 많은 눈치를 보시며 부담감을 가졌을 것 같다. 담장 너머로 보이는 사돈을 보고 얼른 피하시는 엄마의 모습을 보았을 때, 내 마음이 무척 아팠다. 아버지는 "어멈아! 미안하다. 염치가 없다"라는 말씀을 종종 하곤 했다. 얼마나 마음이 편하지 않았으면 그러셨을까.

  부산에 모신 지 몇 해 만에 아버지는 지병으로 돌아가셨다. 아버지 병간호로 몸이 지치신 엄마가 먼저 가실 줄 알았는데 "항상 순서대로 가야지"라던 아버지의 말씀을 엄마는 따르고 있는 듯싶었다. 엄마는 마당 안의 텃밭에 채소와 화초들을 어루만지며 적적한 마음을 달래고 있었다.

나는 나 대로 채워지지 않는 헛헛한 기분이 들 때가 있었다. 그때마다 아버지가 나를 제대로 가르쳤으면 뭐라도 될 놈을 가르치지 못해서 늘 한이 서린 듯이 대뇌이던 것이 생각났다. 아버지 생전에 얼마나 가슴에 한이 맺혔으면 그러셨을까! 그 말도 자주 들으니, 노랫말 되어 귀 딱지가 앉았다. 아이들도 성장했고, 아버지의 한도 풀어드리고 싶었다.

내 속에 배우고 싶은 열망도 항상 자리하고 있었기에 일사천리로 검정고시를 패스했다. 대학을 고민하던 중에 친구는 남녀공학이 재미있다고 했지만, 나는 친구의 말에 아랑곳하지 않고 나의 소신대로 부산여자대학교에 응시하였다. 대학 면접 때 면접관인 어느 교수님이 부산여대를 지원하게 된 동기를 물어보셨다. "가난으로 인해 공부시키지 못해서 항상 미안해하셨던 아버지 묻힌 선산에 졸업장을 안기고 싶어서라고 했다. 또한, 부산에 있는 여자대학이라서 좋았고 현명한 선택이었고, 내 자부심이었다.

2011년도 봄에 입학했다. 배움의 꿈을 향해서 도전하는 기분은 평소와 다른 느낌이었다. 새로운 학우들과의 인연도 즐겁다. 늦깎이로 공부를 하는 우리에게 늘 편안하게 공부할 수 있도록 고려하는 교수님들의 배려가 너무나 감사했다.

엄마는 늦은 나이에 공부하는 딸을 보니 대견해 보였는지 엄마 뵈러 가면 수시로 밥상을 차려 주셨다. 나는 철없는 어린 딸처럼 받아먹기만 했다. 가끔 엄마의 몸 상태가 안 좋아 보일 때도 있었는데 걱정이 되어 물어보면 마냥 괜찮다고만 하신다. 나 역시 대수롭지 않게 생각했다. 졸업장을 선산에 계신 아버지께 안겨드리겠다는 마음과 그동안 못 챙긴 엄마에게 효도하며 모녀지간에 일주 여행을 떠나자고 약속했었는데.

엄마는 그럴 기회를 주지 않았다. 공부를 마칠 즈음 갑자기 돌아가셨다. 엄마가 편찮다는 느낌이 들었을 때 병원에 모셨어야 했다. 그냥 노환이겠지, 무심하게 대했다는 생각에 죄송스럽다. 준비가 되지 않은 엄마와의 이별이었다.

마당 안의 텃밭에는 채소와 화초들로 가득 차서 눈이 행복했었다. 지금은 주인 잃은 화초들이 하나둘씩 시들어가고 있다. 이전에 엄마의 손길만 닿으면 죽어가던 식물들이 되살아나고 해 그 모습을 보니 감동적이었다. 그것이 엄마의 손길이었음을 뒤늦게 깨달았다.

엄마가 떠난 이후 엄마의 체온도 느낄 수 없고, 아무리 불러 봐도 허공 속에 적막감만 맴돌 뿐이다. 계절이 바뀌고 엄마 없는 마당엔 가을 낙엽이 나뒹굴고 을씨년스럽기만 했다. 당연하게 보였던 것들이 엄마 없는 빈자리를 크게 느껴지게 한다. 아버지가 편찮으신 이후 엄마가 생계를 책임지며, 늦둥이까지 5남매를 가슴으로 품고 우리게 보여준 인고의 정신이 내가 살아감에 큰 힘이 되었다.

부부로 인연을 맺은 지 올해로 42년째다. 여러 가지 감회가 새롭다. 남편의 자는 모습이 고되어 보이고 안쓰럽다. 서로 신뢰하며 배려와 존중 그리고 소통을 위한 노력으로 내조하고 싶다. 남남이 만나 함께한 세월이 그렇게 화려하지도, 부귀영화도 아니지만 부족함 없이 살아왔다. 아들, 딸 반듯하게 키우고 제때에 결혼시켜 건강한 손자들까지 보았다. 내겐 큰 자랑이고, 행복이다.

부부간에 살다 보면 크고 작은 다툼이 없을 수는 없다. 때로는 성격 차이로 상처받을 때도 많았다. 부모님 생전에 몇 차례 속이 상해서 큰마음 먹고 전화를 걸었다. 그러면, 꼭 아버지가 받으신다. 속이 상한다고 푸념하면 "딸아, 지는 것도 이기는 거다"라고 한다. 부모님 걱정만 안긴 철없던 나 자신이 원망스럽기도 했다.

평소 존경하던 이경남 교수님에게서 연락이 왔다. 부산여대가 4년대로 변경되었다고 한다. 졸업한 지 10년이 넘었는데, 또 공부할 수 있을까 걱정이 되었다. 그래도 누군가 내게 관심을 보이고 나를 이끌어 줄 때가 좋은 때다. 2023년에 3학년으로 편입하였는데 어느덧 졸업을 앞두고 있다.

학교에서 실버 강사 교육받는다. 교육을 마치고 현장실습, 봉사활동을 나간다. 어르신이란 호칭을 자연스럽게 사용해야 했다. "어르신 반갑습니다." 말을 이어가다가 나도 모르게 여러분과 함께 어르신이란 표현이 불쑥 나왔다. 순간 당황했다. 내 나이 60대 중반을 넘

대학교 학우들과 함께 2018년 싱가포르에서 돈독한 우정을 다지기 위해서 '룰루랄라' 추억 쌓고 있다.

기면서 어르신 소리를 듣는 나이인지라 어르신이란 호칭을 부르려고 하니 왠지 서툴고 어색했다. 익숙해지도록 노력해도 쉽지 않았다.

그 일이 있은 지 며칠 후다. 아들 내외의 맞벌이로 나는 손자의 등·하원을 책임질 때가 종종 있다. 학교 수업을 마치고 서둘러 유치원생인 손자가 내리는 장소에 도착해 있었다. 손자는 차에서 내리더니 집으로 가자며 내 팔을 끌어당겼다. 평소에는 슈퍼마켓이나 놀이터로 가자던 아이였다. 왜 그러냐고 물으니 "빨리 가서 어르신 놀이하자. 재미있다"라고 한다. 얼마 전, 어르신 호칭을 익히려고 손자에게 어르신 역할을 주었다. 손자에게 봄에 피는 여러 가지 꽃과 사물 등을 적어주면서 "어르신! 봄에 피는 꽃은 어떤 꽃이 있나요?. 어르신! 붉은색 과일은 어떤 과일이 있나요?" 하고 물으면 손자는 장단을 맞추면서 재미있어하면서 또 하자고 한다. 손자가 나와 수준이 딱 맞아서 나도 즐겁고 재미있었다. 며느리가 이전에 한 번씩 하는 말이 떠올랐다. 할머니 집에만 있다 오면 자기 아들이 달라져서 온다며 좋단다. 아이 성장하는 과정은 하루하루가 다르게 변하는 게 당연한 일인데, 그런 말 들으니 어찌 됐든 기분은 뿌듯했다. 그런데 이 사실을 며느리가 알면 곤란한 일이었다. 손자가 똑똑해서 훌륭한 판사, 의사 등 영향력이 있는 사람으로 키울 거란다. 손자의 꿈은 때때로 바뀐다지만 큰 인물로 만들 것이란 며느리의 기대는 크다. 거기에 부응하듯이 "꿈은 이루어진다. 꿈은 크게 갖는 거야! 파이팅!"이라고 외쳐주었던 나였다. 손자에게 어르신 역할이나 가르쳐주고 있으니 며느리가 알면 어떻게 생각할까? 나는 전전긍긍하며 혼자 헛웃음을 지었다. 어느 날 우려했던 바대로 며느리에게서 전화가 왔다. 자기 아들이 "어르신! 어르신!" 한다고, 자초지종 내용을 들은 며느리는 깔깔대고 웃었다.

가을바람 소슬하게 불어오니, 불현듯 부모님 생각이 난다. 여태 살아오며 철없는 딸로 부모님 가슴을 아프게 했던 행동들이 떠올라 가슴이 아려 온다. 2012년도 공부 마칠 때 엄마는 돌아가셨다. 공부한다고 응원해주었던 나의 엄마!. 그래서인지 학교에 오는 날은 감회가 남다르다. 학교에 오르는 길은 힘들기도 하지만 엄마 품에 포근하게 안기는 기분에 늘 마음이 들어 편하다. 10년 후 다시 공부하면서 의미 있는 학교생활을 보내니 큰 보람을 느낀다. 세월은 왜 이리도 유수와 같이 빠른지, 이번 학기만 보내면 졸업이다.

사회복지를 공부하게 된 이유는 어떻게 보면 그 어려운 시절 배고픈 걸인을 먹이고 재웠던 아버지의 사랑을 배우고 실천하기 위함이 아닐까? 온 가족이 엉겅퀴처럼 얽혀 단칸방에서 보냈던 그 겨울은 내게 혹독한 시절이 아닌 가족의 사랑을 더 깊이 느낄 수 있었던 시절의 기억으로 남아 있다. 아무리 어렵고 힘든 상황에서도 흔들리지 않고 역경과 시련을 이겨내는 힘은 가족의 헌신적인 사랑이다.

부모님이 자식에게 보여주셨던 무한한 사랑과 희생정신이 지금 내가 살아감에 큰 힘이 되며 판단하는 길라잡이가 되었다. 보답하고 싶은데 지금 옆에 안 계시니 항상 후회스러워 그리움만 쌓인다.

"살아 계신 동안 고생하신 나의 부모님! 다음 생에 우리 다시 만날 수 있다면 나의 아들과 딸로 태어나 주세요. 다음에는 제가 받은 것 그 이상으로 보답하고 채워드려서 고생 없이 행복하게 해드리고 싶어요. 항상 그립고도 보고 싶습니다."

제 3 부

배움으로 깨달은 건

김나경
박양덕
손길연
김명희

쉿! 내 안의 숨은 페이지들

김나경

녹슨 삶을 살지 않기 위해 꿈과 이상을 저버리지 않고 흐르는 물처럼 유유자적한 삶에 대한 감사함을 잊지 않고 사는 나

내 안의 소리를 외면하지 않은 이유

2학년 | 김나경

초록빛 여름 향기가 코끝을 스치니 슬며시 눈을 감고 지나간 옛일들을 되살린다. 나는 시골의 한적한 마을에 딸만 다섯인 딸 부잣집에서 셋째 딸로 대이났다. 부모님과 언니들의 사랑을 듬뿍 받았다. 내 생각엔 언니들은 예쁘다는 소리를 많이 들었던 것 같다. 큰언니는 거울을 자주 들여다보면서 "장래 희망은 영화배우"라고 했다. 지금 생각해보면 가당치도 않은 말 같긴 하지만 미모엔 제법 자신이 있었던 모양이다. 작은언니는 하늘하늘 가늘게 생긴 데다 멸치비린내도 잘 맞지 못할 정도로 입이 짧았다. 식구들이 오랜만에 고깃국이라도 먹는 날에는 엄마는 언니 혼자 몫으로 계란찜을 해주었다. 난 그게 너무 먹고 싶어 한 숟갈 떠먹다가 엄마에게 혼나기도 했다. 작은언니는 골고루 잘 먹지 못한 탓인지 얼굴색은 항상 노랬고 양쪽 볼과 입가에 까슬까슬하게 마른 흰 버짐이

하얗게 피었다. 마음이 쓰였는지 늘 거울을 자주 들여다봤는데 웃을 때마다 양쪽 볼에 살짝 파인 보조개와 마른버짐 조합이 꼭 코스모스를 닮았다. 지금도 빛바랜 옛 가족 앨범 속 작은언니 사진 아래에는 코스모스 같은 언니라고 적혀있다.

선도 보지 않고 데려간다는 셋째 딸인 내가 이발소에서 머리를 손질한 날이면 엄마는 "너는 머리 뒤통수가 납작해서 참하고 예쁘다"라곤 했다. 아무 개성도 없이 두리뭉실하게 생긴 탓인 듯하다. 나보다 세 살 아래인 여동생은 시골 아이답지 않게 초가지붕 위의 하얀 박꽃처럼 맑고 깨끗한 피부색을 띠었다. 공부는 잘하는 편은 아니지만 착하고 손재주가 좋아 가사 일을 잘 도와서 엄마 맘에 들었던 모양이다. 엄마는 여동생 시집보낼 때 '사윗감을 골라서 보내겠노라'라고 큰소리를 뻥뻥 치더니 웬걸 서른이 넘어서도 짝을 못 찾아 애간장을 태웠다. 여동생 인연은 멀리 있는 게 아니었다. 지척에서 혜성처럼 나타난 은행원과 짝을 맺어 알콩달콩 잘살고 있다. 올해 내가 다니는 대학의 신입생으로 입학하길 추천했지만, 졸업한 지 너무 오래되고 기억력에 자신이 없다며 절레절레 손사래 쳤다.

다섯 딸 중 맨 막내 여동생을 생각하면 웃음이 나면서도 눈물이 난다. 어릴 때부터 집안 행사에 모인 친척들은 막내 여동생을 보며 "애는 누구냐?. 이 집 딸이 맞느냐고?"라고 엄마에게 대놓고 웃어가며 놀리곤 했다. 너무 못생겼다고. 그럴 때마다 엄마는 웃으면서 잘도 받아넘겼다. "돼지 새끼는 어릴 때 예쁘고, 양반 새끼는 커갈수록 예쁘다"라면서 여동생의 머리를 끌어안고 '하하하' 웃던 엄마 목소리가 지금도 생생하게 들리는 것 같다.

　옛날 남아선호사상이 뿌리 깊었던 시골 마을에서의 딸 다섯을 둔 우리 집은 동네 어른들의 관심인 동시에 염려 대상이었다. 동네 할머니들이 간혹 엄마 손에다 뭘 쥐여주며 귓속말로 속삭이면 뭔지는 모르지만, 엄마는 민망스러워했다. 관심 어린 할머니들의 바람과 엄마의 기다림인지 몰라도 몇 년 후 딸 막내 여동생보다 다섯 살 아래의 잘생긴 남동생이 태어났고 연달아 알밤보다 더 매끈하고 귀여운 남동생이 태어났다. 우리 집보다도 온 동네의 경사다. 동네 어른들의 말로는 약 십 리 정도 떨어진 면사무소까지 들썩거렸다고 한다.

　두 남동생은 온 동네 사람들의 사랑을 듬뿍 받았고 우리 식구들보다 이웃 사람들이나 친구들의 손에서 더 많이 놀았다. 사람들은 막내 여동생에게 "네 덕분에 남동생을 둘씩이나 봤으니 네가 최고다"라고들 추켜세웠다. 이 칭찬에 막내 여동생은 우쭐대며 기가 살았던 것 같다. 지금이야 다섯 자매 중에서 키가 제일 큰데 그 흔한 성형수술을 하지 않았지만, 어딜 내놔도 빠지지 않을 정도의 자연미인으로 잘살고 있다.

　우리 다섯 자매는 친구처럼 잘 지내면서도 가끔 싸우기라도 한다면 엄마는 형제간 우애의 중요함에 대해 말했다. "서로 정을 나누고 아끼며 위해라. 콩 한 조각도 나눠가며 살아라." 엄마의 이말을 귀에 딱지 앉을 정도로 듣고 자라서인지 자매간 정은 남달랐고 동네 사람들의 칭찬은 자자했다.

아버지는 동네일을 맡아보던 동장으로 지역 사람들을 많이 알고 지냈는데 면사무소까지 소문난 지역 유지였다. 마을이나 인근에 혼사가 있으면 주례를 보곤 했다. 어린아이들은 혼인날을 '꼬꼬 재배'라고 불렀는데 이 말이 경상북도 혼례식의 방언이라는 것을 늦게야 알았다. 꼬꼬 재배가 있는 날이면 아버지는 하얀 두루마기를 차려입고 한문이 길게 쓰인 문종이를 돌돌 말아 옆구리에 끼고 잔칫집을 향했다. 할머니 손을 잡고 구경하러 갔다가 주례를 보는 아버지가 잘 할 수 있을까 싶은 마음에 가슴이 콩닥콩닥 뛰었다.

마냥 청춘처럼 그 자리에 그대로 머물고 있을 것만 같았던 세월을 뒤돌아봤다. 어느샌가 너무 멀리 떠밀려 온 듯 세월의 무상함에 놀라면서 불현듯 서글프다. 그 서글픔엔 지워지지 않고 마음속에 자리한 큰 아픔이 있다. 누구에게도 들키고 싶지 않은 아픔이다. 예순이 훌쩍 넘은 나이라 다 잊은 줄 알았다. 그 아픔이란 다름 아닌 멈춰버린 배움에 대한 나의 열망이었다.

초등학교 담임 선생님은 어린 시절 기억에도 키가 크고 진한 턱수염을 길러 예술가로 보였다. 시골에서는 보기 드문 외모를 가져 참 멋진 선생님으로 아직도 기억이 생생하다. 우리 집 앞에 있는 이웃집 배추밭을 사들여 지은 선생님의 예쁜 기와집을 어린 나는 무척 부러워했다. 우리는 그 집을 '폴 날아가는 기와집'이라고 했다. 선생님은 우리 집과 이웃이라 그런지 엄마와 많은 이야기를 나누었다. "나경이는 총명하여 공부도 잘한다"란 선생님 칭찬이 들리기라도 하면 부끄러움에 까만 대문 뒤에 머리를 붙이고 눈을 꼭 감아 버리곤 했다.

선생님의 잦은 칭찬에도 불구하고 언니 둘과 여동생 둘 사이에 샌드위치처럼 끼인 셋째 딸 나의 운명은 학교를 진학하지 못한 희생양이 되고 말았다. 그 탓에 언니들은 간간이 나의 눈치를 살피곤 했다.

이른 봄 새하얀 배꽃이 활짝 핀 과수원 사이로 하얀 교복을 입고 등굣길에 나선 또래 아이를 보는 날에는 온종일 밥도 먹지 않고 엄마 속을 썩였다. 토끼장 속의 하얀 토끼처럼 잘 지내고 있다가도 괜히 작은 일에도 분노가 일어 빨갛게 날을 세운 성난 수탉 모양으로 집안을 시끄럽게 하기도 했다.

할머니는 이런 내 모습을 보고 다음 날 비포장도로의 덜커덩거리는 시골 버스를 타고 시내까지 가서 예쁜 여학생용 책가방을 사다가 내게 건네며 "당장 학교에 가라"라고 했다. 내 마음을 헤아려 주신 고마운 할머니를 평생 잊을 수가 없다. 88세에 돌아가신 후에도 가끔 할머니가 생각나면 왕생극락을 빌며 기도한다.

그 아픔들이 오랜 세월 마음속에 묻혀있다가 문득문득 떠오르면 다른 것으로 채워 보상해보려고 여러 가지 취미활동과 운동 등 온갖 경험을 다 해보았지만, 공허한 마음은 그 무엇으로도 채워지지 않았다.

어느 스님께서 세상에서 가장 좋은 맛은 '공부의 맛'이라고 했다. 그 스님은 검정고시로 공부하여 대학까지 박사학위를 취득한 지식과 지혜를 겸비한 분이라고 전해 들었다. 난 그 스님의 용기가 박사학위보다 더 대단하고 높게 보였다.

　어지럽고 산란한 마음을 다잡아 보려고 사찰에서 운영하는 3년 과정의 불교대학에 입학했다. 모집인원 120명인데 연령대는 20대에서 70대까지로 직업은 다양하며 고학력자가 많다. 다양한 인적 구성원의 집합체라고 할 수 있는 단체로 보였다. 애국불교, 생활불교, 대중불교를 3대 지표로 삼고, 공부에 정진했다. 정진하면 할수록 그 깊이가 심오하다. 불법의 진리를 알아간다는 것이 참으로 어렵다고 느꼈지만, 행복하고 감사한 마음으로 열심히 했다. 앎에 그치지 않고 머리로만 하는 공부가 아닌 따뜻한 가슴으로 실천 수행하는 불자로 거듭나기 위해 끊임없이 노력하고 정진했다. 3년 과정을 잘 마치고 나서도 수행의 끈을 놓지 않고 쉼 없이 이어간 덕분인지 내 삶에 많은 변화가 일어났.

　내 안의 모든 아픔은 누가 가져다준 게 아니라는 것과 원인 없는 결과는 없다는 인과관계의 법칙을 알았다. 주변 사람을 아프게 하고 불편하게 했던 무지함에 저지른 잘못을 알아차리는 순간, 저절로 몸이 엎드려졌다. 내 안의 그 아픔은 그대로 있지만, 그 아픔의 덩어리는 훨씬 말랑말랑해져 언젠가는 꼭 끄집어내겠다는 확고한 신념이 생겼다. 닫혀있던 마음이 조금씩 열리는 듯했으며 과거에 연연하던 내 안을 들여다보는 여유가 생겼다. 추억 속에 묻혀있던 소식 없는 친구들이 사무치게 그리워서 어디에 살든 행복하게 살라고 두 손을 모은다. 노란 감꽃 주워 볏짚에다 길게 끼워서 꽃목걸이를 만들었고 여름밤 할머니와 호박꽃 속에 반딧불이를 잡아

넣어 호롱 등을 만들었던 그 시절의 정서도 사무치게 그립다.

이렇게 물질과 문명에 때 하나 묻지 않은 시골 소녀는 예쁜 꿈도 한 번 제대로 꾸기도 전에 아픔부터 먼저 알아버렸다. 가엾은 그 소녀에게 먼 훗날 기회가 온다면 꼭 한번 해보고 싶은 일을 일찌감치 정해 놓았다. 그것은 그림에서나 보아왔던 동화 같은 나라 스위스 여행이다. 요즘 시대에 여행이란 누구나 마음만 먹으면 다 갈 수 있다지만 나에게 여행은 어릴 적 나를 살피는 계기다. 어린 시절 즐겁게 읽었던 추억 속 명작동화 '알프스 소녀 하이디'를 만나고 싶었다. 알프스산맥 작은 마을의 한 소녀가 입고 있는 체크무늬 원피스에 마음을 빼앗겼다. 만년설이 뒤덮인 산 위로 오르는 빨간색 산악열차를 너무나 타고 싶었다. 어릴 적 나를 위로하고 싶었고 또 넓은 세상이 너무 궁금해졌다. 여행하는 이유가 이토록 분명해지니 목직도 분명해졌다.

그동안 고생한 나에게 지금껏 잘 살아왔노라고 '쓰담쓰담' 위로하며 예순이 갓 넘은 나이에도 설레는 가슴 안고 여행길에 올랐다. 그곳에서 알프스 소녀도 만났고 꿈에도 그리던 빨간색 산악기차를 타고 만년설이 뒤덮인 융프라우 산봉우리까지 올라갔다. 어느 계절에 가도 새하얀 눈을 볼 수 있는 유럽 3대 미봉인 융프라우산이다. 아름다운 자연이 주는 신비로움에 놀라 오르는 내내 함성이 절로 나왔다. 융프라우는 해발 3,454m의 높은 봉우리로 '젊은 처녀의 어깨'라는 뜻으로 '가장 높다'란 의미라고 한다.

이번엔 프랑스 남부의 조용한 휴양도시 니스를 찾았다. 니스는 아름다운 지중해 연안으로 프랑스에서 다섯 번째로 큰 도시다. 에메랄드빛 푸른 바다와 아름다운 해변의 매력에 이끌려 세계 여행자들이 많이 찾는 항구도시다.

니스에 다다를 때쯤 가이드 선생님은 '평상시 우리가 쓰는 말은 어떠한가?'라는 주제로 말했다. '가는 말이 고와야 오는 말도 곱다' '말 한마디에 천냥 빚을 갚는다' 등의 속담을 들춰가며 말의 중요성과 고운 말을 쓰기를 당부하며 설명했다. 프랑스의 휴양도시 니스의

유럽의 지붕 알프스의 보석이라 불리는 스위스 융푸라우산 정상에서 등정의 기쁨을 만끽하며 찍은 한 컷 사진이다.

한 카페에는 이런 가격표가 붙어있다고 했다.

'커피 ― 7유로'

'커피 주세요 ― 4.25유로'

'헬로 커피 주세요 ― 1.4유로'

'안녕하세요. 커피 한 잔 주세요'라는 예의 바르고 상냥한 손님에게는 1.4유로로 우리나라 돈 2천 원을 받는다고 했다. 가격표를 만든 가게 주인은 손님들이 종업원에게 함부로 말하는 것을 보고

아이디어를 냈단다. 그 가게에서는 예쁜 말 한마디에 똑같은 커피를 5분의 1 가격으로 마실 수 있는 셈이었다.

우리가 쓰는 말에는 사람을 살리는 말씀이 있고 말씨를 뿌려서 좋은 열매를 맺게 하는 말씨도 있으나 입만 열면 상처를 주는 말투도 있다. 말로써 생겨나는 여러 가지 병폐를 막기 위해 말을 하고 싶은 욕망을 참고 참선하는 승려들의 묵언도 있다. 묵언의 진정한 의미는 시비나 분별하지 않는 것이다. 귀가 입보다 위에 있는 건 내 말보다 남의 말을 더 존중하고 겸허하게 받아들이라는 의미이다. 먼 나라까지 여행을 와서 말의 소중함을 다시금 느끼면서 생각해보는 시간이었다. 진정한 여행은 새로운 풍경을 보는 것이 아니라 새로운 눈을 가지는 것이라고 했다. 나 스스로에 대한 발견이며, 생각의 근육을 단단하게 하는 기회이기도 했다.

그렇게 재미있는 도시 니스에서 그닐 짐심 메뉴로 맥도날드 햄버거가 나왔다. 한 달 동안 스테이크와 햄버거를 먹어도 질리지 않고 김치나 된장찌개 생각 한번 나지 않는다니 주위 사람들이 놀라워했다. 한번은 가져간 고추장을 햄버거에 케찹 삼아 줄줄 발라서 한 입 베어 물었다. 순간 악! 소리와 함께 '푸하하' 웃음이 났다. 햄버거와 고추장의 이 조합은 뭐지? 음료수에 밥을 말아 먹어도 이런 맛은 아닐 거야. 지금도 맥도날드 점포만 보면 그때 생각이 나 웃음이 절로 나온다.

스위스를 포함한 보름 동안의 유럽여행은 즐거움과 아쉬움도 있었지만, 여행이 내게 주는 자유와 마음의 풍요로움을 가득 안겨준 일생일대의 가장 멋지고 아름다운 여행이 되었다. 꿈 하나가 이루어진 것이다. 하이디 소녀를 만나며 어릴 적 나도 예쁘게 만났다. 여행이 내게 주는 자유와 마음의 풍요로움을 가득 안겨준 일생일대의 가장 멋지고 아름다운 여행이었다.

여행에서의 큰 성취감을 시작으로 안주하지 말고 나아가자. 마음의 문을 크게 활짝 열고 용기 있게 한 발을 내디뎌보자. 뭐가 그렇게 두렵고 무서운데. 스스로 용기 없는 바보라고 자책도 했지만 모두 다 시절의 인연과 때가 있다는 것을 알았다. 이제부터라도 제발 내 가슴이 시키는 대로 살아보자. 모르면 물어보고 안 배웠으면 배우면 되는 거지. 시시비비 가리지 말고 좀 뻔뻔하게 살아보자.

용기를 가지고 드디어 예순을 살짝 넘긴 나이에 입학했다. "참 잘 왔구나! 이 문턱이 그리도 높더냐?" 이제껏 학교와 배움이라는 응어리진 마음 때문에 움츠리고 아파했던 마음이 사라지는 순간이다.

절실함이 크니 학교 다니는 내내 지각, 결석 한번 한 적 없이 착실히 공부했다. 전 과목 만점을 거의 받았는데 받을 때마다 만족감과 성취감이 커지며 학생으로서 최고의 행복감을 맛보았다. 담당 과목 선생님들로부터 칭찬도 많이 받았으며 학급 반장을 맡으며 학급 일에도 충실했다. 배움을 통한 만족감과 성취감은 나의 아픔을 치유하는 명약이 되어 내 안에 상처는 흔적도 없이 사라졌다.

한고비 두 고비 넘고 올라갈수록 나의 자존감도 따라 올라갔다. 한 단계씩 배워가는 즐거움을 어디에 견주랴 만은 늦은 나이임에 대학까지 가고 싶은 성급함이 생겼다. 졸업은 언제 할까 싶은 마음에 지루하고 아득하다. 고등학교 교장 선생님은 이러한 만학도들의 마음을 읽으셨는지 "콩나물에 물을 주면 물이 고이지 않고 쑥 빠져 내려가도 알게 모르게 콩나물은 자란다. 학교를 들락날락하다 보면 세월이 금방 간다"라고 하면서 여러 가지 비유 말씀으로 위로와 격려도 많이 해주었다.

가을 낙엽이 고운 학교 뒷동산 나무 벤치에 앉아서 지나간 시간을 되씹어 보았다. 음악 시간에 온몸을 나서가면서 오래된 팝송을 열심히 가르쳐주신 얼굴이 곱고 눈웃음이 예뻤던 음악 선생님이 생각나 슬며시 웃음이 나온다. 미분과 적분까지는 꼭 알고 졸업해야 한다며 끝까지 칠판에 깨알 같은 예쁜 글씨로 가득 채워 놓으신 수학 선생님, 영어보다 더 힘들었던 '히라가나'를 가르쳐준 일본어 선생님 등 많은 선생님이 듬뿍 준 사랑과 정성이 자양분이 되어 배움에 목마르고 갈망하던 가슴에는 예쁜 꽃들이 아름답게 피어나기 시작했다. 이제는 늦깎이 만학도라는 생각을 하지 않겠다. 빠르고 늦음의 차이는 얼마든지 있을 수 있으니까. 봄에 피는 꽃도 있고 여름에 피는 꽃도 있듯이. 가을 찬 서리 맞아가며 굳세게 피는 국화는 곧은 기상이 있다. 군자의 덕으로 누구도 국화를 늦게 피웠다 하지 않는다.

어느덧 학교 시계도 돌고 돌아 서늘한 가을바람이 불어왔다. 졸업반이 되니 각 대학에서 학생모집 홍보 활동으로 번갈아 가면서 각자의 대학교를 알렸다. "세상에! 우리의 몸값이 이렇게 높을 줄이야"라고 생각이 들어 감회가 새로웠다.

부산여자대학 면접 보는 날! 서울엔 이화여대가 있다면 부산엔 부산여대가 있어 오래전부터 꼭 와보고 싶었던 학교라고 생각했다. 소신껏 면접에 임하고 합격자 발표날을 기다렸으나 연락이 없었다. 1차 낙방이다. 허~얼 뭐지? 이 대학교의 합격자 기준선은 어디에 두는 거지? 성적인가? 출결인가? 아니면 나이인가? 내가 너무 자만했나? 아니 나보다 젊고 똑똑한 학생들이 많았겠지.

자존심이 너무 상하고 창피스러워 말도 하지 못했다. 담임 선생님도 어쩔 줄 모르며 큰 눈을 부릅뜨고 의아해하며 "에~이 괜찮다. 다른 대학교에 가면 되지. 가서 더 잘하면 된다"라며 잊어버리라고 한다. "뭘 더 잘해, 하기 싫다고. 짜증 난다고." 아무 죄도 없는 담임 선생님에게 화풀이 겸 넋두리를 쏟아내고 며칠이 지나니 마음 정리가 되었다.

그 후 '벚꽃이 예쁘게 피어나는 계절에 학교에서 만나기를 기대한다'라고 면접시험 후 메시지를 보내준 교정이 넓은 대학교를 둘러보기도 했고 그곳에서 또 하나의 꿈을 심기 위해 교통편도 자세하게 알아두었다.

어느새 계절은 가을에서 겨울로 접어들던 무렵 낯선 전화가 걸려 왔다. 모르는 번호라서 받지 않으려다가 받아보니 부산여대란다. 합격 되었으니 등록할 것이냐는 갑작스러운 질문에 어물어물하다가 등록하겠다고 대답하고 말았다. 평온했던 마음에 또다시 갈등이 일어났다. 1차 낙방의 서운함도 있어 이 대학교에 등록할까 말까, 이 대학교에 갈까 말까 고민하다가 가족들의 반대에도 불구하고 등록하고야 말았다.

입학하던 날 비탈진 학교길에 '당당한 아름다움을 꿈꾸다'란 학교의 슬로건이 눈에 들어왔다. 당당한 아름다움! 참으로 마음에 와 닿았다. 첫 O.T를 하던 날 자기 소개하는 차례가 왔다. 우여곡절 끝에 여기까지 온 지나간 시간이 주마등처럼 스쳤다. 두근두근 가슴이 설레고 있었다. 오래전부터 이런 날이 오기를 꿈꾸어왔고 또 기다리고 있었던 것 아닌가. 그 꿈과 기다림은 현실로 다가와 이 자리에 있게 되어 행복하다는 짧막한 소개와 인사를 했다.

배움이란 당당한 아름다움을 위하고 내 삶을 더욱더 빛나도록 하기 위한 것이다. 공부해야 하는 이유가 확실해졌다. 공자가 그토록 배움을 사랑한 것이 공부 그 자체가 기쁘고 즐거운 것이지 남을 이기기 위함이 아니고 남에게 인정받기 위해 공부하지 않으며 배움으로써 새로운 깨달음을 얻는 즐거움에만 집중한다고 했다.

세상일 쉬운 게 하나 없다지만 그렇다고 못 할 것도 없다. 사람들은 흔히 인생에서 가장 아름다운 시기는 20대 청춘이라고 한다. 하지만 중년에 아름다운 삶을 빛내는 사람들도 많이 있다. 20대의 아름다움을 젊은 청춘이라고 한다면 중년의 아름다움은 가을빛처럼 짙게 물든 성숙이라 할 수 있다.

꿈을 이루고 싶은 간절한 마음이 있었기에 내 안의 소리를 외면하지 않았다. 모든 일의 시작에는 반드시 끝이 있다는 것을 알았기에 더는 황금 같은 시간을 헛되이 보내지 말자. 사랑하는 나 자신을 위해, 내가 자유롭고 행복하기를 바라는 또 하나의 작은 꿈을 키우기 위해 오늘도 그리고 내일도 끊임없이 힘차게 나아갈 것이다.

"김나경 너 잘하고 있어."

"세상은 보는 만큼 보이는 것이 아니라 네가 성장한 만큼 보이는 거야."

쉿! 내 안의 숨은 페이지들

박양덕

입맛은 초딩, 두려움은 좌고우면하지 않는 기상으로 극복하고
남은 생은 가치 있는 삶을 추구하는 일흔하나의 나

비로소 배움으로 행복하다

1학년 | 박양덕

"우리 딸내미 또 오줌쌌네. 꿈에 요강 봤더냐?" 다섯 살이나 먹고도 난 가끔 오줌을 쌌다. 분명히 요강에 쌌는데 이불에 그린 지도다. 부끄러움에 고개를 들지 못하기노 한 난 아버지 사랑을 듬뿍 받던 오줌싸개 '가시나'였다. 우리 집은 그리 부자는 아니지만, 보릿고개를 모를 정도로 배고픔은 잊고 살았다. 위로 언니 둘에 오빠까지 있으니 늘 든든했다. 봄에는 들판에서 쑥을 캐고 여름에는 수산대학 앞 바닷가에서 해수욕하고 조개도 잡았던 행복한 유년 시절이었다.

그런데 아버지가 세상을 너무 빨리 떠나셨다. 자식들 교육에 열정이 가득했던 분이다. 난 귀한 아들인 오빠와 언니들 그리고 어린 동생들 사이에 끼여 학교에 갈 처지가 아니었다. "우짤끼고 니가 밥해 먹고 빨래도 해야지"란 가족들의 요구에 희생양이 되어야 했다. 이후 나의 삶은 공부와는 영영 멀어지며 학력 미달이란 열등의식에서 평생을 벗어나지 못하고 숨기에 급급했다.

누가 학벌을 물어보지 않아도, 아무도 궁금해하지 않아도 움츠러드는 나 자신을 스스로 참을 수가 없어 '꺼이꺼이' 목메도록 참 많이 울었다. 번듯한 직장을 가질 수 없어 어렵게 장사판에 뛰어들었다. 막상, 장사를 펼치고 보니 나도 모르는 소질이 있었나 보다. 흥! 누가 나보고 재주가 메주라 했나. 정말 신통했다. 열심히 했고 마음을 다했다. '죽을 둥, 살 둥' 모를 정도로 오늘이 세상의 끝인 양 억척 장사를 하며 돈 모으는 재미에 여념 없었다. 그러는 사이에도 내 마음 한구석엔 허전함이 자리 잡고 있었다.

그런 내가 세상에 태어나서 젤 잘한 건 두 아들을 낳은 것이다. 감사하게도 아이들은 착하고 건강하게 자라는 데다 공부까지도 잘 해주었다. 아이들을 초등학교에 입학시키고부터 나의 공부도 시작된 것 같다. 일자무식 엄마가 되지 않으려고 발버둥을 쳐야만 했다. 동아 전과와 표준수련장을 사서 미리 한참을 읽고 또 읽으며 눈치껏 습득한 뒤 아이들에게 가르쳐 주었다. 물론 나중에는 아이들에게 들통 나버렸지만.

자식만큼은 자신들이 하고 싶은 공부 뒷받침을 다 해주고 싶었다. 성격상 남들에게 뒤처지는 꼴은 볼 수가 없는 학력미달인 엄마의 마음을 알아주고 보상이라도 하듯, 아이들은 공부를 잘했다.

중·고등학교에서 상위권의 성적을 유지하더니 우리나라 3대 대학에 입학했다. 결혼뿐만 아니라 세상사 매사에 걸쳐 일사천리로 척척 해결해가니 나에겐 최고의 효도였다. 이런 아들이 둘이나 있으니 바랄 게 없었다.

하느님이나 부처님은 인간에게 모든 걸 주지는 않나 보다. 가정은 행복이 가득했고 소규모로 시작한 장사는 사업으로 확장되며 승승장구하던 시기였다. 우연한 기회에 건강검진을 받았는데 결과가 위암이란다. 남의 일인 줄 알았던 일이 나에게도 닥쳐왔다. 당시 수십 년 동안 척추관협착증으로 많은 고생을 해 왔던 터라 수술을 받기로 결정된 상태였다.

응급으로 암 수술부터 하게 되면서 집안은 초상집이 되어 버렸다. 수술을 기다리는 일주일 동안 일상을 정리하자 싶었다. 수술 결과가 잘못되어 내가 없어도 쉽게 찾을 수 있도록 계절별 옷 정리며 보험 서류 등을 정리하면서 온갖 생각이 들었다.

혈소판이 부족하여 16번이나 수혈을 받으며 수술실 앞에 선 모습에 내 인생은 여기까지인가. 이만큼 살겠다고 그렇게 아등바등 살았나. 남편과 아이들을 위해서는 최선을 다했으나 더 많이 사랑해 줄 걸 하는 아쉬움만 남았다. 그러면서도 나 자신에게는 왜 그리도 인색했었나 하는 자책감이 들었다.

가슴을 절개하고 오랜 시간의 수술 끝에 위를 2/3 절단하며 살아남았다. 아직도 이승에서 필요한 존재였는지 난 살아냈다. 멍청하면 용감하다 했던가. 주변에선 연이어 대수술하면 큰일 난다고 야단들이었다. 그런데도 3개월 후 척추관 협착 수술까지 했는데 핀을 4개나 심었다고 한다. 고집을 피우다가 죽을 고생 한 이유가 있었다. 하루가 시급할 정도로 중국에 빨리 가야 했다. 기다리는 직원들이 있었고 일이 밀렸기에 하루하루가 너무나도 시급했다.

위를 거의 절단하고 치료하던 중 얼마 지나지 않은 상태에서 척추관협착수술을 받게 되면서 표현할 수 없는 지옥 같은 고통을 겪었을 때였다. 위암 수술 후에는 미음 죽만 먹어야 하는데 위암과 척추 수술로 두 가지 약을 많이 먹게 됐다. 상처 치료엔 약이지만 다른 장기에는 독이 되는 심각한 부작용이 생겼다. 두통에 이명 그리고 불면증에 우울증과 거식증까지 겹쳤다.

협착이 심한 상태에서 수술했기에 6개월간 앉을 수 없으니 양치질이나 밥도 일어서야 가능했다. 아님, 누울 수만 있는 상태였다. 겨드랑이부터 허리까지 보조기를 차고서 매일 매일 재활 운동했지만 심한 불면증에 음식을 제대로 먹지 못하니 뼈와 가죽만 남았다. 해골처럼 변해가는 모습에 "아~ 나는 더는 사람 구실도 못 하겠구나"란 생각에 눈앞이 깜깜해졌다. "남에게 못 할 짓도 안 했고 많이 베풀며 열심히 살았는데 왜!. 차라리 삶을 놓아 버리자" 싶은 순간 생각을 꿀떡꿀떡 삼켰다. 마음대로 앉았던 일상이 너무 그리워서 지금 인생이 끝난다 해도 편하게 한번 앉고 싶었다. 너무나도 간절하게.

죽음의 문턱에서야 깨달았다. 건강이 얼마나 소중한지, 건강을 잃으면 아무것도 할 수 없다는 것을. 다시 일어서야 한다. 그리고 나에게 투자하며 살아야 한다. 다시 일어서기 위해 재활에 집중했다. 신체적인 장애를 극복하고 생활하기 위함이다. 일 년이라는 오랜 재활 시간이었지만 결국 해냈다. 뼈와 가죽만 남았던 당시 모습을 생각하면 지금도 아찔하다.

애당초 오래 살고 싶은 욕심은 없었지만, 암 선고받았을 때 참으로 허무했고 야속했고 억울했다. 죄가 있다면 열심히 살아온 게 전부인데. 한참을 지나 몰랐던 더 큰 죄가 있음을 알았다. 나 자신을 돌보지 않은 죄다. 나에게는 단돈 1원을 쓰는 것조차 아까워했다는 것이 제일 큰 죄로 여겨졌다. 죽음의 문턱을 넘나들고 보니 아까운 것도, 두려운 것도 없다. 용기가 생겼다. 어렸을 때 아버지가 가르쳐주신 천자문이 생각나서 한자 공부부터 시작해보니 재미가 쏠쏠하다. 내일보다 오늘이다. 남은 인생 중 오늘이 제일 싫은 날이다. 오늘이 젤 이쁜 날이니 한번 해보자. 죽기 아니면 까무러치기다.

검정고시 학원의 문을 두드렸다. "고3 학생들 공부요?"란 학원 관계자의 말에 답했다. "아뇨. 제가 공부할 건데요." 접수하면서도 내 나이 70에 고졸이 가능하긴 할까 싶은 생각이 들어 스스로 반

늦은 나이에 만났지만, 검정고시에 함께 합격하고 같은 고등학교에서 졸업한 뒤 대학교 입학식 때 마지막까지 함께 하자는 맹세를 하며 찍은 우리들의 인생 한 컷

신반의했다. 세탁기를 돌려놓고도 공부하고 반찬 만들면서도 책보며 암기하고 걸레질하면서도 외우는 등 24시간이 부족할 만큼 하루 내내 열심히 공부했다. 내 노력이 기특했던지 하느님 보우하사 검정고시에 합격했다. 나이 70살에 고졸 학위를 취득하다니!. 이제 학력란에 당당하게 고졸로 체크 할 수 있다. 감개무량하다.

버킷리스트가 또 하나가 있다. 죽기 전에 여대생이 되어보는 것이다. 나는 할 수 있다. 잘할 수 있을 거라는 주문을 외우곤 '쓰담쓰담' 하며 또 도전했다. 마침내 부산여자대학교 학교 정문을 바라보며 눈물을 흘렸다. 이제는 새내기 여대생, 당당한 여대생이다.

과즙이 팍팍 터질 것 같은 오렌지 색 티셔츠를 함께 입고서 MT도 다녀오고 노란 병아리색 옷을 입고 실버 운동한다. 동아리 활동 중 제일 좋아하고 재미있는 수어도 배우니 하루하루가 너무 즐겁다. 유난히도 낯가림이 심해 쉽게 친구도 사귀지 못하는 내가 부산여대에서 불꽃이 팡팡 터지듯 한순간에 많은 친구를 사귀게 되었다. 매일 기대가 되고 학교 가는 게 재미가 있다.

어쩌다 '밥퍼'라는 봉사활동에 참석했다. 난생처음으로 봉사하는데 수많은 어르신을 대접하는 순간, 순간 울컥하는 감정이 일어 겨우 다스리곤 한다. 작은 힘이나마 도울 수 있음에, 내가 살아 있음에 감사하다. 사람들이 기부하고 봉사하는 걸 보면서 특별한 사람들이 하는 일인 줄 알았는데 나도 할 수 있다는 것에 보람을 느끼며 하루 내내 너무 행복하다.

사회복지학과에 대해 자세히 알지 못했고 막연하게 누군가를 도울 수 있고 나도 봉사라는 걸 해보고 싶다는 생각만 했는데 공부하다 보니 또 다른 생각이 든다. 방문 요양, 주간 보호센터, 9인 합숙 시설 등을 체험할 수 있다고 한다.

'노노(老老) 케어 시대다' 조선 시대 고려장은 이제 먼 이야기고 호랑이 담배 피우던 시절 말이다. 7학년이 꿈을 꾸는 시대. 7학년이 이렇게 당당해도 괜찮은 거야?

그래! 행복은 멀리 있지 않아. 70대 나이에 이렇게 행복하니 나 스스로 감사해.

쉿! 내 안의 숨은 페이지들

손길연

산책하기와 식물 키우기를 좋아하며 배움의 갈증이 크고 사물을 잘 관찰하면서 새로운 환경에 적응을 잘하는 성향이다.

꿈은 이루어지고 있다

4학년 | 손길연

어린 시절 나의 꿈은 선생님이었다. 그러나 난 나의 꿈보다 부모님 입장을 더 고민해야만 했다. 1남 8녀 중 나는 7번째 딸이기 때문이다. 위로 형제들은 부산으로 가서 회사에 다녔다. 오빠는 중학교부터 부산으로 유학 가고 바로 아래 여동생도 언니들 따라 부산에서 야간 중·고등학교에 다니고 있었다. 부모님의 농사일을 도와줄 자식이 없었다. 자진해서 부모님 일손 돕겠다고 했다. 나의 꿈을 생각할 겨를조차 없었다.

어린 마음에 내린 결정이 미래의 내게 미칠 영향과 가져올 슬픔을 당시는 전혀 알 수가 없었다. 17세 때야 비로소 알게 되었다. 주위 친구들 대부분은 중학교 졸업 후 현장으로 나가 일한다고 들었지만, 고등학교 진학을 포기한 후회와 슬픔이 폭풍처럼 내 마음을 흔들어댔다.

늦었지만 공부할 길을 찾기로 하였다. 부모님의 일손 돕는 것을 그만두는 수밖에 없었다. 부모님에게 실망을 크게 줄 것 같아 마음이 괴롭고 슬펐다. 그래도 큰마음 먹고 엄마에게 부산으로 가겠다고 했다. 그때 엄마는 방에서 이불을 손질하고 있었다. 엄마는 "네가 떠나면 초등학교 1학년인 막내와 농사일을 어떻게 하겠노"라면서 슬프게 우셨다. 덩달아 훌쩍훌쩍 울면서도 그래도 가야겠다며 뜻을 굽히지 않았다.

어머니를 달래고 도시로 진출할 한 가지 묘책을 생각해냈다. 어머니와 조용하게 이야기하였다. "엄마 농사 걱정하지 마세요. 토요일마다 오후 막차 타고 와서 일요일까지 일할게요. 여름 모내기와 가을 추수는 회사 친구들을 데리고 와서 도울 것이니 걱정하지 마세요." 내 말이 끝나자 엄마는 알았다면서 승낙해 주었다. 날아갈 기분이었다.

엄마의 마음을 달래놓고 부산으로 갔다. 섬유업계 회사에 들어갔다. 엄마에게 배운 재봉틀 기능으로 1주일 만에 기능직으로 일하니 주위 친구들의 부러움을 샀다. 회사 생활 3년 만에 작업라인의 반장이 됐다. 반장직을 맡고 보니 직장 상사와 회의가 자주 열렸다. 회의가 거듭될수록 뭔지 모를 죄책감이 몰려왔다. 고등학교를 졸업하지 못한 자격지심이었다. 이 생각에 내 마음은 이미 태풍이 휘몰아쳤다.

그때 나이 24세였다. 라인 반장 1년 차에 결정을 내렸다. 검정고시 학원에 등록하기로 마음 굳혔지만, 걸림돌이 있다. 검정고시 공부하려면 6년 다닌 회사를 옮기고 반장도 그만두어야 했다. 회사의 정든 동료와 헤어지는 슬픔 때문에 눈물이 하염없이 줄줄 흘러내렸다. 내 우는 모습을 본 친구도 덩달아 울면서 우리는 한참이나 눈물을 흘렸다.

검정고시 학원 문제로 조기 퇴근을 해야만 한다. 다른 회사로 옮기며 큰 결심을 했다. 이참에 대학교도 가야겠다는 생각이 들었다. 부산 서면 부일학원에 첫발을 내디뎠다. 낮에는 회사에서 일하고 야간에는 검정고시 학원에서 공부했다. 눈코 뜰 새 없이 바빴다. 그래도 대학교도 갈 수 있는 길이기에 어떠한 어려움도 이겨낼 수가 있었다.

고향에서 부산 올 때 엄마와 한 약속도 잘 지키고 있었다. 아빠 엄마뿐만 아니라 형제 모두가 나에게 지지와 용기를 듬뿍 주었다. 그 사이 막내 여동생이 중학생이 되어 부모님 일을 도와주었기에 늦게 시작한 고등학교 과정을 마칠 수 있었다. 2년 만에 대입 검정고시에 합격하며 고등학교를 졸업한 것과 동일한 자격을 취득했지만 좋은 성적은 내지 못했다. 그래도 좋았다. 대학교 갈 수 있는 자격을 갖춘 것으로도 세상을 다 가진 기분이었다.

대입 자격 취득 후 짧은 기간이지만 학력고사 시험을 치게 되었다. 1986년도 마지막 학력고사에 도전하였다. 친구와 함께 친 학력고사의 점수를 보고 실망하고 전문대학교에 지원하려고 했는데 대학 진학을 할 수 없었다. 부모님이 맞선을 권유하였다. 당시 맞선 본 상대방은 지금의 남편이다. 선보는 날 상대 남자에게 솔직하게 말했다. "저와의 인연으로 결혼한다면 언젠가는 대학교에 갈 겁니다"라고 말하니 아무 대답이 없었다. 부모님의 재촉으로 우리는 한 달 만에 결혼했다. 대학교 가는 꿈이 이토록 멀고도 험한가 싶은 생각에 이것도 나의 운명이라 여겼다. 기회는 또 올 것이라고 믿으면서 열심히 살았다.

결혼 생활 10년이 지날 무렵이다. 자녀 둘을 키우다 보니 경제적 어려움이 생기기 시작하였다. 신발업계에 종사하던 남편 직장이 흔들렸다. 88년 올림픽 이후로 신발업계가 사양산업에 접어들며 무너지기 시작했다. 월급을 못 받은 지가 7개월이나 지났다. 그때 마침 시아주버님이 삼랑진으로 와서 장사 한번 해보라고 했다. 업종은 중화요리였다. 남편에게 한번 도전해 보자고 했다. 남편은 아이들이 어려서 장사는 힘이 든다며 차라리 태국으로 간단다. 당시 한국 신발업계는 태국, 인도 쪽으로 진출하는 중이었다. 남편의 말에 "아이 둘과 못 산다"라고 했더니 남편은 할 수 없이 내 말을 들었다.

드디어 우리 가족은 1996년 5월 26일, 삼랑진에 있는 시아주버님 가게를 전세금 2천만 원에 월세 45만 원으로 계약하여 이사했다. 아이들의 전학 문제가 조금 신경이 쓰였지만, 경제적인 부분이 우선이었다. 사흘 후, '풍미정'이란 중화요리 음식점을 개업했다. 주위 사람들은 한결같이 나의 고생문이 열렸다고 툭 던지듯 말했다. 이것도 나의 복이라 여겨 과감하게 도전했다.

큰맘 먹고 도전한 꿈은 얼마 가지 못하고 어려움이 계속 일어났다. 중국식 요리를 못하는 나와 남편이 문제였다. 주방장이 수시로 무단결근하더니 종국엔 그만두는 게 아닌가. 주방장의 무단결근에 따라 덩달아 식당도 수시로 가게 문을 닫게 되니 폐업에 이를 정도였다.

난 이런 일이 일어날 걸 예상하고 그동안 주방장 옆 보조 역할을 정말 열심히 했다. 눈물 콧물을 줄줄 흘리면서 대파와 양파를 까고 채소를 썰고 다듬으며 옆 눈으로 요리를 배우기 시작했다. 주방장이 음식을 만들 때 보고 외워서 메모지에 적었다. 나중에 보니 메모지 한 장 한 장이 모여서 나만의 요리책이 되었다. 나만의 요리책을 보고 요리하길 날이 새는 줄도 모르고 밤에 혼자 연습하고 또 연습했다.

6개월 정도 될 즈음이었다. 주방장이 또 그만두겠다고 한다. 이번엔 되녀 주방상에게 감사하는 마음마저 들었다. 이젠 음식 요리에 자신이 있었다. 6개월 만에 6명의 주방장이 다녀갔다. 너무너무 힘들었지만 배운 것과 얻은 게 더 많다고 생각하니 오히려 여섯 명의 주방장에게 감사한 마음이 들었다.

중화요리를 시작한 그해 10월 30일을 아직도 잊을 수가 없다. 한 달, 두 달이 어떻게 지나가는지 모를 정도로 바빴다. 우리 부부는 주방일과 홀서빙을 보고 배달은 아르바이트생이 하면서 영업이 잘되고 있을 때다.

걸림돌이 생겼다. 소문이 문제다. 이웃의 한 어르신이 우리 식당 주방장은 여자라서 음식 맛이 없다며 말하고 다녔다. 남편은 벌써 알고 있었지만, 차마 내겐 말하지 못했다고 한다. 실망하면 몸져누울까 봐 참고 있었단다. 그럴수록 더욱 열심히 최선을 다해야겠다고 마음먹었다.

그 어르신의 소문은 나를 각성시키며 맛난 요리를 만들도록 열정을 더욱 키웠다. 그렇게 1년이 지나니 이번엔 반대 소문이 돌았다. 삼랑진 중화요리는 여자 주방장이 하는 중화요리 음식 맛이라서 최고라는 소문이 사방으로 퍼지고 있었다. 특미인 탕수육, 볶음밥, 콩국수, 냉면, 짜장면 순으로 맛있다는 소문이 돌아 인근 도시인 부산, 양산뿐만 아니라 마산, 대구 등에서까지 고객이 올 정도였다.

세월은 흘러 주방 생활 25년째다. 자식 둘 다 대학교를 졸업한 후 아들은 군대 제대 후 서울에서 직장 생활하고 있고 딸은 부산에서 취직해 생활하고 있다. 나는 자영업을 하면서 늘 대학교 가는 꿈을 하루도 잊은 적이 없었다. 틈만 나면 자식들에게 대학교 가고 싶다고 노래처럼 말했다. 아들은 "엄마! 방송통신대라도 가세요"라고 말했지만, 식당 일이 너무 바빠서 도저히 엄두를 낼 수가 없다. 그래도 음식 맛이 좋아서 장사를 잘한다는 칭찬까지 들으니 행복한 마음에 남 부러울 것 없는 듯했다.

행복도 잠시였다. 나의 육체적인 건강이 따라 주지를 않았다. 무릎 관절과 양손의 손가락 관절이 매우 심하게 아팠다. 3kg 되는 프라이팬을 들고 두꺼운 우동기를 들어야 했지만 힘든 표현조차 쉽지 않았다. 나는 남편 보기에 늘 미안하고 죄송했다. 조금이라도 날 쉬게 하려고 남편은 갈수록 내 일을 도맡았다. 남편의 몸 역시 무리가 뒤따랐다. 이러다가 남편과 함께 응급실에 실려 갈 것 같아 내가 나섰다.

"여보! 우리가 여태 한가지 업종으로 열심히 노력하여 아이 둘을 잘 키웠고 시아주버님 가게를 우리가 샀잖아요. 당신이 젊은 시절에 했던 자전거 수리업으로 변경하면 좋겠어요." 우리 부부는 몇 달간 고민과 걱정으로 보냈다.

2020년도 여름이다. 더는 식당일을 계속할 수 없어 아이들의 취업과 동시에 식당을 정리하기로 했다. 24년간 중화요리 음식점을 운영하면서 참 우여곡절이 많았다. 식당을 다른 업종으로 바꾸고자 생각하며 물끄러미 넋을 잃고 쳐다봤다. 시원함과 아쉬움이 동시에 몰려들었다.

이번엔 자전기, 오토바이 수리업을 시직했다. 식딩을 하면서 목돈을 모아둔 건 아니지만 우리 부부는 건강을 생각하면서 살아가기로 했다. 막상 업종을 변경하고 보니 큰 벌이가 되지 않았다. 나의 마음은 편안했지만, 남편은 슬퍼 보였다. 남편의 마음을 안정시키려고 온갖 방법을 다 썼다. "돈을 적게 벌어도 괜찮아요. 수입이 적으면 들로 나가서 나물 캐다 먹고 살면 되죠"라며 남편을 달랬다. 우리 부부에게 시간이 약이라고 생각했다.

6개월이 지난 2021년 1월, 딸에게서 연락이 왔다. 딸은 "엄마! 아직도 대학가고 싶어요?"라고 물었다. "그럼요. 네네! 엄마는 대학가고 싶어요." 나의 대답에 딸은 "엄마! 우리 학교 사회복지학과에 만학도 학생의 정시 모집 기간이래요. 지원할 날짜는 1월 18일 하루뿐이에요"라고 말했다. 딸은 원서 마감을 이틀 남긴 토요일에 전화한 것이다. 다가오는 월요일만 접수할 수 있다. 원서를 접수할 수 있는 날이 단 하루뿐인데 제대로 원서를 신청할 수 있을까?라는 마음에 조바심이 생겼다.

딸과 나는 전화로 날밤을 지새웠다. 딸이 최고의 말을 했다. "엄마! 우리 학교는 한 학기 등록금이 무료니까 한 학기 다니다 정말 힘들면 그만두어도 돼요"라고 한다. 딸의 이 말에 큰 용기를 얻었다. 이제 남은 것은 남편의 승낙이다. 남편은 묻지도 않고 하고 싶은 대로 하라고 한다. 기쁜 마음 감출 길이 없었다. 날아갈 듯 기뻤다. 내게도 세상에 이런 일이 일어나고 있다. 월요일이 되자 딸이 지원서를 제출한 후에야 비로소 난 면접을 보았다. 지원서 제출하고 열흘 만에 부산여자대학교 입학하게 되었다.

지금으로부터 아득히 먼 1986년도에 대입 자격을 취득했다. 벌써 35년이나 지났다. 꿈에도 그리던 대학입학이었지만 또 다른 시련이 찾아왔다. 부산여대만 알고 온 나는 아무것도 모른다. 외톨이 만학도다. 그동안 접하지 못한 컴퓨터와 녹이 슨 머리가 내 마음을 슬프게 했다. 1학년 때 리포트 과제가 있었다. '11포인트'라는 말이 무슨 뜻인지 모르는 나는 부끄러워 질문도 하지 못하고 기차를 타고 오면서 딸에게 물었다. 컴퓨터 글자 크기란다. 한 반 37명 중 컴퓨터를 다루지 못하는 유일한 학생인 듯하다. 코로나19가 기성을 부리니 대면 수업이 어렵다며 LMS 수업을 한다고 한다. 갖가

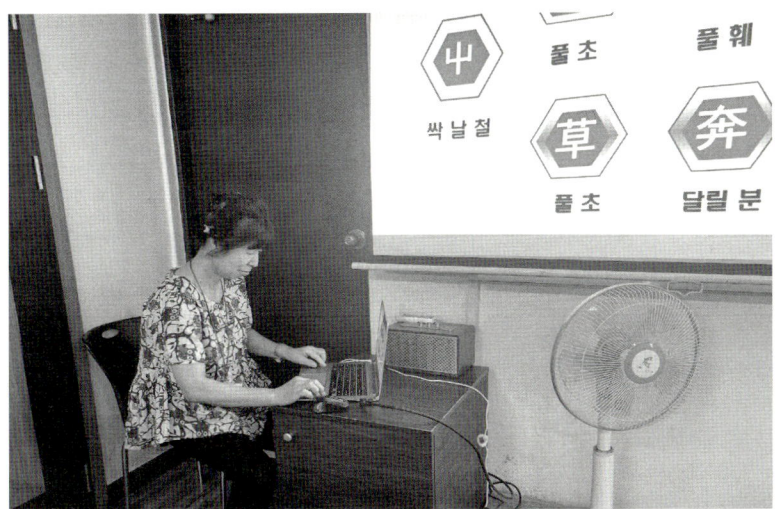

평생교육사가 되기 위해서 한 교육원에서 현장실습 도중 원장님의 한자 수업 강의를 도와주고 있다.

지 어려움에 부딪히며 외톨이 만학도 나 자신을 달래고 또 달랬다. 수시로 딸에게 도움을 받으면서 한 학기를 마칠 수 있었다. 힘들었던 만큼이나 배움은 나에게 큰 용기를 안겨주었다. 35년 동안 녹슨 나의 뇌는 고맙다고 귓가에 대고 소곤소곤 이야기한다. 1학년, 2학년 때의 사회복지학을 통해 많은 것을 배우게 되었다. 우리가 살아가는 데 필요한 복지를 배우니 나 자신이 대견하다. 그 옛날에 배웠더라면 더 나은 방법으로 아이들을 잘 키웠을 텐데. 그래도 늦지 않다. 지금부터 나 자신을 잘 보살피면서 나보다 더 힘든 분을 도우며 살 것이다. 또 컴퓨터를 사용하는 법을 대학에서 배우게 되어 보람 있다. 컴퓨터를 활용할 수 있다는 건 나에겐 큰 자산이다.

꿈은 이루어지고 있다

나 자신이 없다면 내가 할 수 있는 것은 없다. 나의 존재가 정말 귀하고 신비롭다. 태산이 아무리 높다 해도 나 자신이 최고 높다. 내가 없이는 그 무엇도 없다. 내가 있기에 모든 것이 필요하다. 그중 한 가지가 배움이다. 배움의 열정을 포기하지 않고 달려온 나 자신을 자주 꼭 안아주었다. 그때마다 나의 심장은 좋아서 콩닥콩닥 뛰었다.

처음 입학할 당시를 생각하면 4학년인 지금도 설렘 가득하다. 이 참에 대학원까지 도전해 보아야겠다. '유니온' 동아리에서 글쓰기 공부를 열심히 배우고 익혀 뜻깊고 알찬 책 출간을 계획하면서 나보다 힘든 분을 도와주는 복지사로의 멋진 인생을 살아갈 것이다.

대학에서 학문을 닦는 복이 늦게 찾아왔지만, 진심으로 나 자신에게 칭찬한다. 정말 나 자신이 고맙고 고맙다. 그 무엇과도 바꿀 수 없는 손길연 나에게 박수를 보낸다. 긴 세월 동안 지지 않고 공부의 열정을 이루게 되어 지금 나는 정말 행복하다.

"손길연! 넌 잘하고 있어. 네 인생의 주인공은 바로 너야. 넌 뭐든 할 수 있어."

내 배움의 싹이 자라 이제 제법 큰 나무로 성장하여 지금은 꽃이 피기 시작한다. 나는 큰 나무의 이름을 지어 주었다. 영원히 지지 않는 내 마음의 꽃나무라고. 꽃나무가 자랄 수 있게 도와준 남편에게 감사의 말을 전하고 싶다.

"여보 정말 고마워요. 우리가 선보던 날 말했죠. 언젠가는 대학교 가야 한다고. 4년의 대학 생활을 잘할 수 있게 도와준 김병만 당신! 진심으로 감사드려요. 오직 가족만을 위해 살아왔으니 이제 무거운 짐 내려놓고 함께 유럽여행 떠나요. 진심으로 사랑해요. 감사해요."

쉿! 내 안의 숨은 페이지들

김명희

운동을 좋아하고 승부욕이 강해 화이팅이 넘치며 타인에게 상처를 주지 않으려는 신중한 성격이다. 좌우명은 '걸림돌을 디딤돌로 만들자'로 힘든 상황에도 발전할 수 있는 성장의 발판으로 여기며 내면에 향기 가득 품고 살고픈 쉰여섯의 나다.

아픔의 조각들이 나를 성장시킨 자양분

1학년 | 김명희

나는 딸 부잣집 둘째다. 초등학교 저학년 때까진 놀이터가 있는 아파트에서 그네와 시소, 모래를 친구 삼아 지냈다. 집안 형편은 그런대로 여유로운 생활이었지만, 어느 순간 편부모 밑에서 자라고 있었다. 아파트에서 마당도 없는 작고 초라한 집으로 이사하면서부터 나의 청소년기는 어두워지기 시작했다. 여러 사정으로 고등학교 진학을 할 수 없었다. 집 밖에 나가고 싶지 않았고 주변 친구들과도 어울려 놀지 못했다. 간혹 길거리에서 교복 입은 친구를 만나기라도 하면 황급히 도망을 치며 친구의 모습이 보이지 않을 때까지 숨어 있었다.

멀리서 교복 입은 친구를 부러운 시선으로 바라보던 나의 청소년기는 아픔의 조각들로 새겨져 있다. 이 조각들은 성인이 된 이후의 모습에도 영향을 끼쳐 어딜 가나 소극적인 태도로 일관하니 자존감이 바닥인 어른으로 성장한 뒤 부모가 되었다.

언제부터일까? 무미건조한 삶이 시작되었고 배우지 못한 과거 나의 모습이 문득문득 아쉬움과 서러움으로 다가오기 시작했다. 그러한 중에 배우자의 명예퇴직으로 생활에 어려움이 생기니 수입이 적더라도 직업을 가지고 싶었다. 우연한 기회에 요양 보호 교육을 받게 되었고 요양보호사 일을 시작했다. 일을 시작한 후에야 나의 마음이 왜 그토록 서러웠는지를 깨달았다. "아! 내가 배움에 목말라 있었구나."

출근하면 어르신이 "이쁜아, 어서 와~"라고 하며 나를 반겨 주었고 때론 "젊어서 좋겠다"라는 말씀과 함께 부러운 눈빛으로 반겼다. 처음엔 평범한 인사치레처럼 대수롭지 않게 넘겼다. 요양 일 하면서도 한식 조리 자격증을 준비하고 있던 터라 학원에서 배운 음식을 어르신에게 만들어 드리곤 했다.

그때마다 어르신은 "뭐든 배우고 싶은 건 다 배워라. 나처럼 나이 들고 몸이 아프면 아무것도 할 수 없다"라며 이번엔 '새댁아'라고 부른다. 50대 중반이 훨씬 넘어버린 나에게 새댁이라고. 누군가에게 난 부러움의 대상의 대상일 수 있겠다. 무엇이든 할 수 있겠다는 용기가 생기니 자신감이 커졌다.

자존감이 낮았던 지난날의 나. 배움에 목말라하면서도 시작할 용기가 없어 못 했던 나다. 지나온 시간을 생각하니 참으로 후회스럽다. 더는 부끄러운 시간을 보내고 싶지 않았고 한 걸음씩 발걸음을 떼어보기로 마음먹었다. 5년 뒤 나의 모습을 생각해 보았다. 지금 아무것도 하지 않으면 나의 미래는 지금과 별반 다르지는 않을 것은 자명하다. 현재를 집중해 내가 하고 싶은 걸 하다 보면 나의 미래는 분명 달라져 있으리라는 믿음이 생겼다.

가장하고 싶은 건 공부다. '한 걸음씩 나아가 보리라'라는 마음으로 고등 검정고시를 준비했다. 늦은 나이 탓인지 머리에 쉽게 들어오지는 않는다. 시작이 반이라고 생각하지만, 기초가 부족한 탓에 시작조차 쉽지 않다. 영어가 제일 힘들다. 단어를 암기해도 자꾸만 잊어버린다. 단어 암기를 위해 평소 생활환경에서 이어폰도 끼고 다니면서 반복적인 학습이 제일 중요하다는 걸 깨달았다. 부족한 기초로 인해 수리영역 또한 어려움에 부딪혀 포기하고 싶은 순간이 참 많다. 공부하면서도 배워서 익히는 과정이 순탄치 않으니 깨진 독에 물을 붓는 것처럼 하루하루가 불안하다.

점차 공부하는 습관이 잡히며 방법을 터득하다 보니 자연스레 집중력도 올라가며 공부가 재밌다고 느껴지기 시작한다. 꿈에 그리던 검정고시 합격증서를 받았을 때는 기쁨의 눈물을 한없이 흘렸다. 종이 한 장의 합격증서는 내 인생의 새로운 단비다.

대학에 진학한 후에도 여전히 나에게 공부는 어렵다. 집중하려고 노력도 하고 있지만, 배운 것을 곧바로 잊어버리니 '이렇게 내가 부족하니 졸업을 할 수 있을까'라는 마음이 생긴다. 이런 마음이 들 때면 콩나물시루를 마음으로 떠올린다. 콩나물시루에 물을 주면 물은 바로 빠져나간다. 하지만 시간이 지나면 쑥 자라지 않는가. 공부도 그런 것이라 여기면서 희망을 품는다.

검정고시 공부하면서 수없이 상상해온 꿈에 그리던 대학생이 되고 사회복지학을 전공하면서 나눔에 대해서 어렴풋이 느낄 수 있다. 자신만을 생각하지 않고 더불어 행복한 삶을 살아가기 위해 보이지 않는 곳에서 사람들이 나눔을 실천하고 있다는 걸 알 수 있다.

노인복지관에서 하는 무료 급식이나 재능기부 등 각자 나눔의 방식은 다르지만 더불어 행복한 삶을 영위하기 위한 마음은 하나다. 과거의 나는 봉사와 담을 쌓으며 살았다. 봉사와 나눔이란 거창한 것으로만 생각했고 누구나 할 수 있다고는 생각하지 못했다.

대학생이 되고 사회복지학을 전공하면서 나의 가치관은 180도 달라지고 있다. 나도 사회에 나눔을 실천하고 공부와 일을 병행하는 나의 직업은 장애인 활동 지원사다. 난 장애인의 손과 발이 되어주는 역할을 하고 그들과 소통하고 있다. 물론 수익이 있어 봉사라고는 할 수 없다. 사회복지학을 전공하고 있는 나에게는 이 일이 많은 도움이 된다. 현재 내가 도움을 주는 장애인은 심한 중증이라 말을 하지 못하며 손목이 접혀 있어 본인의 의지로는 아무것도 할 수 없다. 장애인과 생활하는 건 사실이지 쉽지 않다. 그만두고 싶은 생각도 여러 번 들었다. 그때마다 나를 지탱할 수 있었던 이유는 내가 대학생이라는 것과 사회복지학을 전공하고 있다는 사실이다. 사회복지학에서의 배움을 토대로 현장에서 실질적 적용을 통해 장애인의 몸짓과 감정적인 행동에 더욱 관심과 애정으로 대할 수 있다. 그런 단단한 마음이 생기면서 사회복지학을 전공하고 있는 내가 자랑스럽다. 자존감이 낮았던 내가 대학생이 되면서 누구와 만나도 당당해졌다. 이런 내 삶의 변화가 참 감사하다.

나의 일상이 가끔은 버거울 때가 있다. 그러나 어느 것 하나도 포기하고 싶지는 않다. 오랫동안 장애인들과 함께하면서 진심 어린 마음으로 대했다. 이제부터는 대학 생활의 낭만을 만끽하며 조금 여유를 가지고 좋아하는 운동을 하며 즐겨야겠다. 오래된 나무처럼 속을 꽉 채우고 싶어 작은 양의 독서라도 하려고 노력하는 것이 이제는 내 일상이다.

태양 빛 무더위에 맛있는 과일이 영근다. 무더위가 지나면 시원한 바람과 함께 예쁜 단풍의 계절이 다가온다. 우리의 삶도 자연의 이치처럼 고생 끝에 즐거움이 오지 않을까. 성공이 아닌 조금씩 성장을 꿈꾸며 현재에 집중하는 삶을 살다 보면 지금보다 풍요로워질 삶이 나의 미래이지 않을까.

"명희야! 넌 이젠 괜찮아. 아픔의 조각들은 너를 성장시킨 자양분이었어. 넌 잘하고 있어"

제4부

나에게 가족은

배미경
조정자
김현숙

쉿! 내 안의 숨은 페이지들

배미경

장애인을 바라보는 시선이 따뜻한 사회 속에서 세웅이가 작은 승리의 순간들을 경험하면서 당당하게 살아갈 수 있도록 할 멋진 엄마가 되고픈 나

엄마를 빛나게 한 초록 거북이

1학년 | 배미경

"엄마! 손 줘봐. 내가 주물러 줄게. 엄마! 목도 주물러 줄까? 엄마! 어깨도 주물러 줄게. 시원해? 시원하지" 세웅이는 나의 손가락을 또 주물러 준다. "아야 아프다. 그만해라"

이 녀석 내 말이 끝나기 무섭게 어느새 잠이 들었다. 나의 껌딱지 세웅이가 자는 모습을 가만히 들여다봤다. 너무 예민한 녀석이라 조심조심 얼굴을 만져보고 주먹도 어루만지며 내 주먹이랑 비교도 해본다. 내 주먹보다 더 크다.

순간 세웅이가 태어나던 아찔했던 당시가 생각난다. 사실 이전에 큰아이 출산할 때도 노산이라 신경이 쓰였다. 아빠 쪽에 가족이 없다 보니 아빠와 엄마가 죽고 나면 세상에 혼자 남을 큰아이가 걱정스러웠다. 내심 예쁜 큰아이에게 동생을 만들어 주고픈 욕심을 냈다. 다행히 3살 터울로 임신이 되었지만, 노산이라 출산 걱정이 더더욱 컸다.

　조산의 조짐이 보인다며 종합병원에 긴급히 입원해야 한다는 의사 선생님의 말씀에 구급차로 병원에 도착하자마자 자궁을 꿰매는 수술을 받고 꼼짝도 하지 못한 채 침대에만 누워있어야 했다. 일주일 정도 지나자 아기 머리가 보인다며 봉합한 곳을 풀지 않으면 아기가 위험해진다고 한다. 인큐베이터를 갖춘 병원을 찾아서 다시 구급차로 병원을 옮겨야 한다니 순간 멍해지니 멘탈 붕괴다.

　동아대학교병원에만 인큐베이터가 있다고 하여 딴 병원을 선택할 여지도 없다. 언제 아이가 태어날지 몰라 인큐베이터 바로 옆에서 대기하는 난 인간 인큐베이터다. 세상천지에 나와 배 속 아기만 버려진 기분이다. 하얀 병실은 창문 하나 없이 침대 세 개만 달랑 놓인 채 TV도, 라디오도 없다. 침대 아래쪽을 최대한 올려서 내 두 다리를 L자 모양으로 올린 상태에서 대소변을 받아내야 했다. 면회도 하루 두 번만 허용된다.

　자궁 억제 주사와 마약 종류의 주사를 맞은 듯하다. 그래서인지 모든 음식이 다 싫다. 간호사는 너무 안 먹으면 아기가 크지 않는다고 걱정했지만, 아무것도 먹고 싶지 않다. 초콜릿을 먹으면 아기가 몇 그램이라도 클 수 있다고 하여 남편이 가져온 초콜릿을 겨우 입에 넣으면 30분 정도 걸려야 삼킬 수 있다.

　당시 9개월째 되는 산모랑 같이 입원 중이었다. 참으로 기가 찬 건 식사 시간만 되면 갑자기 대변을 보고 싶어진다. 그 좁은 공간은 정말이지 지옥이다. 벨 소리를 듣고 온 간호사에게 환자용 변기를 부탁하는 내 소리가 들리기라도 하면 옆 침대에서 커튼을 '착' 친다. 아침밥은 거르고 점심과 저녁때는 밥 한 숟가락을 억지로 삼킨다. 주사약 영향인지 밥맛이 아예 없다. 그런데도 꼭 식사 시간만 되면 난처하다. 그 산모는 아기를 위해서 그런 환경에도 밥을 먹어야 하니 난 미안하고 비참한 마음이 들어 죄인 된 기분이다. 그 산모는 자기 발로 걸어서 화장실도 가고 샤워도 가능하지만 난 양치질도 하면 안 되는 인간 인큐베이터다.

간호사는 나의 환자용 변기를 가져가면서 코를 틀어막은 채 얼굴을 잔뜩 찌푸린다. 옆 침대에서는 과자 봉지를 뜯는지 매일 부스럭거리는 소리가 들리지만 나보고 먹어보란 말 한번 없다. 그나마 그 산모가 건강한 아기를 출산하여 덜 미안했다.

친정엄마가 왔다. 붕어탕이라며 먹어보라고 하여 입에 넣으니 완전 소대맛이다. 도지히 못 먹겠다며 거부하는 내게 엄마는 벌컥 화를 낸다. 불편한 상황을 일부러 아무렇지도 않은 듯 태연하게 받아들였다. 남편은 면회 올 때마다 놀리곤 한다. 친정아버지와 네 명의 동생들은 면회를 한 번도 오지 않는다. 섭섭한 마음에 면회를 금지해버리니 아예 속이 편했다.

가끔 지병이 있거나 노산인 산모들이 아기를 출산할 때 울부짖는다. 그 소리가 하루가 될 때도 있고 하루 반나절이 될 때도 있다. 이삼일씩 될 때는 정말 미쳐 버린다. 지옥이 따로 없다. 울부짖는 소리가 들릴 때마다 배에 힘이 들어갔다. 그때의 악몽 같은 기분이 다시금 살아나니 너무 슬프다.

40주까지 아기를 낳기 위해 꼼짝도 하지 못하고 누워있어야 하는 처지다. 벽에다 내 손톱으로 '바를 정(正)'자를 그었다. 손톱에서 피가 날 정도로 하얀 벽에 한 획씩 그렸다. 유일한 하루 낙이다. 지금 같으면 핸드폰으로 뱃속 아기에게 태교 음악이라도 들려줄 수 있는데.

입원한 지 두 달이 채 되지 않았는데 양수가 터져 버렸다. 아기가 태어날 운명이라면 애를 낳아야 한다고 의사 선생님이 설명했다. 나도 임산부들이 울부짖던 분만실로 옮겨졌다. 저녁 9시부터 다음 날 아침 9시까지 어떤 조치도 없으니 진통을 견디며 기다렸다. 양수가 나오는 건지 출혈이 되는 건지 알 수도 없으니 그냥 다리만 벌린 채 누워있다. 제왕 절개 수술을 하게 해 달라고 몇 번이나 부탁해도 자연 유산을 해야 한다고 한다. 아기가 나올 때까지 기다리라는 냉정한 간호사!. 기억하고 싶지 않지만, 생생하게 기억되는 그 얼굴!. 나한테 항상 인상을 찡그리던 그 여자. 어디선가 만난다면 뺨을 휘갈기고 싶다.

정신을 잃은 모양이다. 누군가 "어머머 큰일 났다. 배미경씨! 배미경씨! 정신 차리세요. 불쌍해서 어쩌냐." 나를 막 흔들어대며 아기가 나온 것 같다며 비명을 질렀다. 핏덩어리가 쏟아져나오고 있었다. 의사 선생님이 오전에 출근해서 사태를 파악하고 빨리 수술 준비하라고 고함을 질러댔다.

이후 들은 남편 말로는 그때 수술실이 피바다였단다. 남편은 나와 아기 두 사람이 죽어도 어쩔 수 없다는 보호자동의서를 써줄 때 너무너무 비참하고 분통이 터졌다고 했다. 의료 사고라도 나면 바로 현장에서 증거를 잡아야 한다며 친구인 강력계 형사까지 불러놓고 대기하고 있었다고 한다. 엄마는 위급한 상황도 모르고 낯선 사람과 웃으며 잡담하고 있었던 모양이다. 이리 뛰고 저리 뛰는 사위에게 아무 도움이 되지 않았던 엄마로 인해 지금도 남편에게 할 말이 없다.

아기 세웅이는 40주를 다 채우지 못하고 28주 만에 800g으로 태어났다. 아기는 세상에 나오자마자 15분 동안 호흡하지 않아 산소를 무리하게 공급하여 뇌출혈로 이어지며 심각한 뇌 손상을 입었다. 중환자실 인큐베이터에서 아기를 치료해야 했다. 나는 나대로 출혈이 멈추지 않아 정신을 잃은 채 수술실로 실려 갔다. 의사 선생님과 간호사들은 중환자실과 수술실을 오르내리며 뛰어다녔고 신모와 아기는 생과 죽음을 넘나들었으니 병원은 발칵 뒤집혔다.

수술받은 후 중환자실로 옮기기 전이었다. 수술받던 대기실에서 내가 산소 호흡기를 무의식적으로 확 잡아 빼버렸다. "여기가 어딘지 아세요?" "병원요" 죽음의 경계까지 갔다 온 나였다. 다행히 빠른 회복으로 퇴원하였지만, 아이는 100일 정도 인큐베이터에서 집중적인 치료를 받아야 한다. 그 조그마한 몸으로 엄마 품에 다시 오기 위해 버텨내는 아기를 보면서 너무나도 미안하고 절망적이다. 인큐베이터에서 치료받던 아이들이 한 명씩 죽었다는 소리가 들릴 때마다 무섭고 미칠 것 같았다. 그런데도 내가 할 수 있는 건 아무것도 없다. 도저히 밥을 먹을 수 없어서 끼니를 거르며 눈물만

흘릴 수밖에 없는 내가 너무 싫어 삶을 포기하고 싶었다. 그래도 아이가 건강하기를 간절히 기다려야만 한다.

아기 몸무게가 2kg 정도 되면서 약간의 섭식이 가능해지니 퇴원을 할 수 있단다. 하루 중 오전과 오후 두 번에 걸쳐 아기 보러 다니면서 하루빨리 더욱 건강해져서 엄마 품으로 돌아와달라고 하느님에게 간절히 기도하고 또 기도했다. "아기야! 빨리 건강해져서 엄마랑 집에 가자. 만져보지도, 안아 줄 수도 없는 내 아기야! 빨리 엄마랑 집에 가자." 흐느끼는 소리가 아기에게 들리지 않게 입술을 꼭 깨물면서 인큐베이터 앞에 서서 생각나는 동요는 모두 불러 주었다.

퇴원 전에 의사 선생님을 잠시 만났다. 의사 선생님은 "좌뇌와 우뇌를 너무 심하게 다쳐 엄마와 아빠를 몰라볼 수도 있고 숟가락질도 못 할 거다. 뇌성마비 장애인으로 살아가야 한다"라는 청천벽력 같은 말을 내뱉었다. 하늘이 무너지고 세상이 노래지며 머리가 땅속으로 박혀 버릴 것 같다. 의사의 말에 묻지도 따지지도 못하고 앞으로 뭘 어떻게 해야 할지 몰라 막막한 마음에 울기만 했다.

아기가 퇴원하면 꼭 하고 싶었던 아기 목욕부터 깨끗이 시키고 준비해 둔 옷으로 갈아입히며 하나씩 하나씩 계획을 세워나갔다. 네 살 된 큰아이부터 챙겼다. 오전 8시부터 오후 5시까지 유치원과 학원에 보낼 일정표를 짰다. 아기 세웅이는 재활 치료, 작업치료, 언어 치료 등 할 수 있는 치료는 다 받게 하면서 두 아들을 키웠다.

집에 데리고 오고 열심히 치료 다니면 다 되는 줄 알았다. 아기 세웅이는 하루에 분유를 8번 먹이면 8번 모두 토한다. 아기 눈, 귀, 코에 분유가 들어가서 얼굴이 새하얗다. 내 옷뿐만 아니라 소파까지 토한 분유를 닦고 씻겼다. 아기를 씻기고 잠재우고 치우고 나면 또 분유를 먹이고 토하면 또 씻기는 일이 다람쥐 쳇바퀴 돌 듯했다. 잠 한번 제대로 잘 수가 없어서 친정엄마에게 도움을 청했다.

"엄마 집에 와서 세웅이 좀 봐줘"

엄마가 집에 오시면서 고등어 20마리를 사 왔길래 왜 이렇게 많이 사 왔냐고 물으니

"지금 네 처지에 어딜 나가노. 애랑 집에 있으면서 해 먹어라."

괜한 서러움에 눈물이 주르륵 흘렀다.

나는 과다 출혈로 인해 수혈을 너무 많이 하는 바람에 C형 간염에 걸렸다. 바이러스 균을 없애는 주사를 맞아야 하고 일주일 처방을 받으러 동아대학 병원을 3개월 정도 다녀야 했다. 2kg 아기를 안고 주사를 맞으러 주사실에 들어가니 두 명의 간호사가 내 모습을 보고 안타까운지 훌쩍이며 말했다.

"아기 봐주실 분 아무도 안 계셔요? 주사 맞으면 힘들 텐데. 아이고 안쓰러워서 어째요?"

주사를 맞으니 입술에서 불이 나고 머리카락이 다 빠지고 입안은 모래를 삼키고 있는 것처럼 메마르면서 잠을 잘 수가 없다. 부작용이다.

아기 세웅이는 계속 먹이면 토하고 보챈다. 큰아이는 세웅이를 돌보는 사이에 물약으로 된 감기약 한 병을 다 마셔버렸다. 신장에

무리가 갔는지 콜라 색의 오줌을 누어 큰아이를 병원에 입원시켜야 했다. 멀리 있는 이모에게 부탁해서 세웅이를 맡겼다. 이번에도 친정 가족들은 강 건너 불 보듯 도움을 주지 않았다.

아기를 돌보아 주는 베이비시터를 신청하고 병원을 다녀왔다. 생각보다 빨리 집에 도착했더니 베이비시터 아주머니는 우리 집 밥솥에 있는 밥을 다 꺼내 먹고 대자로 누워있다. 아기 배에는 돌같이 무거운 베개를 올려놓고선. 누구 하나 의지하고 믿을 사람이 없다. 친구라는 건 골프 치면 공이 안 맞아서 스트레스라며 같이 공 치러 가잔다. 참으로 어이없고 기가 찰 따름이다.

내가 전념해야 하는 건 오로지 아기의 치료다. 기장 정관에서 서구 아미동에 있는 부산대학교병원까지 하루도 빠지지 않고 다니며 오로지 아기 치료에 죽을힘을 다했다. '어디 요양 시설에 맡겨라'라고 말하는 주위 사람들과는 단절했고 일체의 도움을 주지 않는 친정 식구들과도 삼 년간 만나지 않으며 지냈다.

세상은 냉정하고 이기적이라는 생각이 든다. "에고 애 때문에 고생이네!" "애가 뭘 잘 안 먹나요? 사고 났나요?" "언제부터 아팠냐? 병신 같은 놈! 애를 왜 그렇게 울려" "천벌 받았네" "엄마가 어디 아프냐? 장애인 엄마 주제에" 장애인인 내 아이를 보고서 하는 말은 자신들을 돋보이려는 겉치레일 뿐으로 느껴진다. 장애인 아이를 키워보지 않은 사람은 아무것도 모른다. 말로만 하는 관심이라면 그냥 모른척해 주는 게 더 감사하게 느껴질 정도다. 어떤 위로의 말도 내 맘속엔 와닿지 않는다.

자식이 음식을 먹지 않는 걸 보는 건 정말이지 고문이다. 뭐든지 먹지 않지 않는 아기! 겨우 먹이면 토하는 아기! 하루는 욕조에 물을 받아놓고 아기와 함께 옷을 벗은 채 아기에게 음식을 먹였다. 역시 힘들게 먹인 걸 다 토해 버렸다. 고통스럽고 힘들어 내 머리를 목욕탕 벽에 쿵쿵 들이박고 또 들이박았다.

내 모습을 보던 큰애가 막 울면서 말했다. "세웅아 제발 울지 말고 먹어. 형이 너무 힘들어." 큰아이의 말에 정신이 번쩍 들었다. "엄마가 정말 미안하다"라며 큰애를 안고 펑펑 울었다.

"아! 해라! 씹어! 삼켜라!" 하루를 시작하는 소리다. 세웅이가 조금이라도 먹을까 봐 치료 갈 때마다 챙긴다. 키위, 바나나를 짜서 먹이는 요플레 등을 준비한다. 세웅이에게 음식 맛을 적응시키기도 너무 어렵다. 키위를 먹으면 키위만 먹으려고 하고 바나나 맛을 기르치려고 바나나를 먹이면 먼저 먹은 키위까지 다 토해낸다. 이러는 나 스스로가 바보스럽다.

다행히 세웅이가 두세 살쯤에 장애 전담 어린이집이 생겨 잠깐이나마 아이를 맡길 수가 있었다. 인생 로또다. 그곳에서 세웅이는 색깔을 구분하고 말을 이쁘게 하며 여러 동요까지 배울 수 있었다. 맡겨진 41명 중에 유일하게 말을 할 수 있는 아이는 세웅이뿐이다. 이때 말이 엄청나게 늘었던 것 같다.

어린이집 선생님들의 권유로 세웅이는 일반 어린이집으로 갔다. 일반 어린이집에서 아이들 현장학습을 나가는데 세웅이를 따로 돌봐줄 수 없다며 '어머니께서 현장학습에 오라'고 하여 세웅이를 데리고 현장학습에 갔다. 막상 가서 보니 아무도 우리한테 말 걸어주는 사람 없고 세웅이랑 놀아주는 선생님 한 명 없다. 참 실망스러웠다.

다시 장애 전담 어린이집에 보내고 싶은 마음을 꾹 참고 집 근처 큰 절에서 운영하는 절 유치원에 세웅일 업고 갔다. 원장님께서 걱정하지 말라며 선생님이 바쁠 땐 원장님이 봐준다고 유치원에 오라고 하여 유치원을 다시 옮겼다. 정말 고마우신 선생님들과 원장님! 그곳 선생님들은 세웅이를 서로 업고 다녔다. 참 고마운 유치원이었다. 한번은 인사를 드리려 가야 했는데 나도 이기적인가 보다.

세웅이에게 학습은 정말 어려웠다. 연산동 장애인 복지관에서 근무하는 선생님에게 부탁드려 세웅이 이름만 적게 해달라고 부탁했다. 집에서도 복지관에서도 세웅이가 이름을 적을 줄 알도록 열심히 가르쳤다.

일 년 동안 이름 석 자 적을 줄 알게 되어 그걸로 만족하고 일반 초등학교를 입학시켰다. 산 넘어 산이다. 학교 가기 전에 학교 관계자들에게 분명히 세웅이 상태와 모든 사항을 설명했다. 괜찮다고 아무 걱정하지 말라며 입학식 때 그냥 오면 된다고 하길래 입학식 날 갔더니 엘리베이터 있는 건물 놔두고 계단만 있는 4층 교실에 세웅이를 배정시켰다. 일 년 동안 업고 다녔다. 세웅이를 위해선 뭐든 해야 했기에 학부모회 임원과 운영위원 등을 싹 맡았다. 나는 교장과 교감 선생님과 다투어 가면서 오직 오기로 버텼다.

다행히 훌륭한 담임 선생님을 만났는데 끝까지 나와 세웅이 편이 되어 주었다. 한 선생님이 "특수 학급이 있고 실무 선생님이 있으니 나보고 애랑 같이 배정된 교실에서 수업받아라."라고 했다. 이 말에 세웅이 담임 선생님은 "말도 안 된다. 개별실에서 수업도 하고 담임 선생님 있는 교실에서 친구들과 수업을 할 수 있게 시간표를 짜라고 부탁드리는데 왜 안 짜냐? 개별실에서 수업받을 학생이 한 명밖에 없는데"라며 따졌다. 그 선생님과 세웅이 담임 선생님 간의 싸움이 한 달이나 이어지는 동안 나는 세웅이랑 학교에서 수업받아야만 했다. 도중에 교감 선생님은 세웅이를 전학 보내라고 권했다. 이를 악물고 억지로 버티며 세웅이를 지켜야 했다.

세웅이를 전학 보내라는 교감 선생님은 나에게 잘못했다며 사과했다. 학교 운영위원회에서 교육청 갈 일이 있었는데 그때 교육감한테 세웅이와 관련한 사정을 설명했더니 교육청에서 학교로 연락이 갔던 모양이다. 학교에서는 난리가 났던 거였다.

세웅이가 일반 중학교 다닐 때 세웅이와 난 장애인 차별이 무엇인지 확실하게 겪었다. 당시 학교 선생님들에 대한 실망도 역시 컸다. 장애인 인식을 전환할 교육이 정말 필요했지만, 학교에서부터 문제를 인식하지 못했다. 이러니 일반인들이야 오죽할까? 교통사고 등 사회적 위험이 많은 요즘 시대에 일반인들도 장애를 겪을 수도 있다는 걸 인식한다면 장애인을 대하는 눈길이 달라질까? 장애인을 따뜻하게 바라보는 인식은 아직 멀고 먼 이야기일까.

장애인 자식을 받아들이면서 헤쳐 나가야만 했던 지난날로 인해 내 마음이 많이 외롭고 메말라 버렸지만 그런 나 자신을 내 아이에겐 들키고 싶지 않다. 치료도 중요하지만, 눈부터 고쳐주어야겠다고 마음먹었다. 부산에서 치료를 잘한다는 안과는 다 돌아다녔지만 내가 원하는 답을 들을 수가 없다. 아이를 업고 한 손엔 분유통과 기저귀 가방을 또 한 손엔 유모차를 들고 성남시에 있는 분당서울대학교병원까지 갔다. 당시 교통으론 참 멀고도 힘든 길이었다. 새벽 첫차를 타야 했고 진료를 보고 나면 곧바로 부산으로 돌아와야 한다. 그 사이에 식당을 갈 수도 없었고 엄두도 나지 않았다. 추운 겨울 날씨에 부산으로 돌아오는 차를 기다리며 우는 아이를 업은 채 너무 배가 고파 차가 오는 걸 보면서 김밥을 입에 쑤셔 넣고 차를 탔다. 그때 내 모습을 생각하니 너무 서러움이 북받쳐 올라온다.

정부에서 세웅이 또래의 아이들이 사시 수술받을 땐 거의 공짜로 수술하는 그런 시절이었다. 그렇지만 세웅이는 시신경이 거의 망가진 상태라 커 갈수록 왼쪽 눈은 언제 실명할 줄 모르고 오른쪽 눈은 외사시라 지원을 받을 수가 없었다. 두 차례나 수술받으며 든 비용이 2천만 원 정도였다. 우리 부부는 적금도 재산도 모두 다 포기하자고 약속했다. 큰애는 큰애대로 건강하니 열심히 공부시키고 세웅이는 아프니깐 건강하게만 키우자고 울면서 남편과 다짐했다.

한 번은 세웅이가 자신의 어릴 적 사진을 보더니 말했다. "엄마 아기 때 내 눈이 왜 이래? 이 사진 쓰레기통에 버려라." "야! 놔둬라. 나중에 네가 딴소리할까 봐 증거로 놔둬야 한다."

세웅이는 그 뒤로도 계속 수술받아야 했다. 온몸에 깊은 자국의

흉터가 가득하다. "조폭들이 세웅이 몸 보면 다 도망갈 거다." 아빠나 치료 선생들이 웃으면서 세웅이에게 농담한다. 우리는 이제 이런 농담을 주고받으며 가볍게 웃을 수 있다.

의사 선생님은 "어머니! 이 아이가 말을 하고 인지를 한다는 건 기적입니다. 좌뇌 우뇌 다친 걸 보면 아무것도 할 수 없는 애입니다. 그런데 말을 이렇게 잘하는 건 의학적으로 도저히 불가능한 일입니다. 대단하십니다. 의학적으로 이런 사례를 기적이라고 합니다"라며 세웅이를 꼭 껴안아 주었다.

"그래 나는 기적을 일으킨 엄마야!. 아직도 희망을 품고 아이 치료에 매달리며 항상 집에서 잔소리만 하는 엄마지만 난 잘해 왔고 앞으로도 포기하지 않고 의지와 희망으로 아이를 키울 거다. 작은 승리의 순간들이 모여 더 행복해질 수 있고 세웅이가 당당하게 살아갈 수 있도록 멋진 엄마가 될 거야"라고 수없이 되뇌며 가오를 다진다.

세웅이는 뇌성마비 중증, 지적장애, 복합 중증 장애 판정받았지만, 세상에서 제일 말을 잘하는 아이다. 여드름투성이라 곱상하게 보이지는 않지만, 연예인보다 더 잘생긴 내 아들이 너무나도 잘 자랐다. 특수학교 고등학교 3학년을 졸업하고 특수학교 전공 반 일학년 재학 중이다. 방송반에서 활동도 하고 반에서는 반장이며 나라에서 운영하는 e스포츠에 나가곤 한다. 고2 때부터 1등은 못하였지만, 참석은 1등이다. 학교에서 하는 축제 때 노래를 정말 못 불러 중간에 퇴짜를 맞아 부모님들과 선생님들에게 웃음을 안겨

주기도 한다. 세웅이가 전동 휠체어를 타면서 요즘은 웬만한 애들도 전동 휠체어를 타고 간다. 전동 휠체어를 탄다는 건 장애인 애들한테는 참 어려운 일이다. 세웅이가 타는 걸 보고 학부모들이 용기를 내어 전동 휠체어 타는 애들이 많이 늘었다고 한다. 특수학교에서 선생님들이 전동 휠체어 타는 법을 가르쳐 주기도 한단다. 세웅이는 언어 소통이 안 되는 애들 입장과 소리를 선생님들에게 전하기도 한단다. 학교 가면 제일 바쁜 세웅이가 2025년 벚꽃 피는 봄이면 특수학교를 졸업한다.

세웅이가 특수 고등학교 3학년 때 세웅이 대학 문제로 걱정이 되었다. 불현듯 대학교를 같이 다녀야겠다는 생각이 들었다. 나는 검정고시 학원에 다니며 단 한 번 만에 합격했다. 둘이 같이 다닐 수 있는 대학교를 알아보는 중이었다. 갑자기 세웅이가 엄마랑 같이 대학에 다니고 싶지 않다고 한다. "엄마의 잔소리를 대학교에서까지 듣고 싶진 않다"라며 자기 스스로 다 할 수 있단다. 섭섭한 마음이 엄청나게 들기도 하지만 대견스럽기도 했다.

나는 이왕 마음먹은 김에 대학을 가야겠단 생각으로 부산여자대학교에 입학했다. 대학교에 와서 보니 오길 잘했다. 생각도, 말투도, 행동도 조금씩 바뀌는 중이다. 항상 학벌이 짧아서 마음을 졸였던 과거의 나는 늘 상처가 가득했다. 더군다나 장애를 앓는 아이를 키우면서 답답하고 힘들었던 설움들이 저 멀리 아득히 사라지고 있다.

항상 지방에서 일해야 하는 남편!. 남편은 아이들을 같이 돌봐

주지 못한 미안한 마음인지 아이들에게 들어가는 엄청난 비용에도 투정 한번 없이 지금껏 두 아이를 마음껏 키울 수 있도록 해주었다. 내가 지쳤을 때 한 번씩 두둑한 경비를 주면서 여행을 보내주며 응원해준다. 장애인 아이를 둔 엄마를 기죽지 않도록 해주는 튼튼한 울타리가 되어 준 고마운 남편이다.

큰아이를 임신한 뒤 꿈을 꿨는데 꿈 내용을 들은 주변 어르신들은 태몽이란다. 꿈에서 한강 같은 곳을 갔는데 사람들이 구름 떼처럼 몰려 있었다. 근처로 가 보았더니 저 멀리서 수영하던 커다란 거북이가 내 품에 딱 안겼다. 이번엔 사람들이 환호성을 지르며 응원하길래 그쪽으로 쳐다봤다. 아주 조그마한 초록 거북이가 저 멀리에서 헤엄쳐서 큰 거북이 발 쪽으로 오더니 또 내 품에 쏙 안겼다. 이를 본 많은 사람이 엄청나게 응원하는 꿈이었다. 처음 엄마 품에 안긴 큰 거북이는 큰아이고 초록 거북이는 둘째라고들 한다. 태몽처럼 둘째 아들 세웅이가 세상 사람들의 박수를 받으며 아주 힘든 과정을 극복하여 잘 성장하고 있다.

세웅이에게 크게 자랑하고 싶다. 세웅이가 태어나지 않았다면 이 엄마는 대학교를 꿈꾸지 못했을 거다. 이제 꿈에 그리던 대학생이 되어 대학 생활을 누리고 있으니 말이다. 아들 세웅이로 인해 나의 인생을 보상받을 줄은 몰랐네.

"세웅아! 엄마는 대학생이야!" "세웅아! 너로 인해 엄마 인생이 이렇게 빛날 줄 몰랐어."

아주 조그맣고 힘든 몸으로 끝까지 이겨내며 엄마 품까지 와준 내 새끼다. 열 번도 넘는 대수술을 이겨내며 끊임없는 재활 치료를 받으면서 잘 견뎌내며 밝고 건강하게 잘 자라 준 초록 거북이처럼.

이 못난 엄마를 선택해 주고 너를 낳게 해 줘서 너무너무 고마워. 부모로서 해야 할 최선의 책임감과 엄마로서 해야 할 일을 가르쳐 준 내 새끼 세웅이야. 엄마가 가야 할 길을 안내해 준 내 아들! 이 못난 글을 적으며 너에게 더 잘해야겠다는 각오와 반성의 시간을 가져 본단다.

"내 꼬맹이 내 아들! 내 아들로 태어나 주어 정말 고마워."

"사랑한다. 세웅아!"

세웅이는 스페인 여행 중에 운 좋게 마드리드 축구장 안까지 들어가는 행운을 맞이했다.

쉿! 내 안의 숨은 페이지들

조정자

차분함과 꼼꼼한 일처리에 최선을 다하는 성격으로 음악 감상과 맛있는 요리 만들기를 좋아한다. 죽을 때까지 자아 개발하면서 내 삶의 진정한 주인공으로 살아가려 한다.

인생 최고의 선물은 바로 오늘!

1학년 | 조정자

함안군 군북면의 방어산 자락에 있는 하림 마을에서 2남 3녀 중 첫째 딸로 태어났다. 오빠 둘은 남자라는 이유로 공부를 할 수 있 있지만, 첫딸인 나는 집안일을 전적으로 도와야 했다. 당시는 남녀 차별이 심한 시절이다. 오죽하면 첫딸은 살림 밑천이라고 불렀을까.

내 나이 25세에 남편을 우연히 만났다. 모든 게 좋아 보여 결혼을 결심했다. 꽃피는 4월에 혼인 서약식을 낭독하면서 검은 머리가 파뿌리 되도록 행복하게 잘 살겠다고 서로 맹세했다. 세상일이 내 마음먹은 대로만 되는 건 아니었다. 신혼이란 단꿈은 그리 오래 가지 못하고 잠시 머물다가 사라졌다. 알콩달콩 사랑을 꿈꾸며 단란한 가정생활을 위한 결혼이 먹고사는 현실이라는 걸 깨닫게 되면서 남편과 싸우며 미워하는 날이 많아졌다.

미운 정, 고운 정으로 참고 살다 보니 신이 선물을 주셨는지 반가운 소식이 왔다. 신이 선물을 주셨는지도 모르겠다. 어느 날 제대로 먹지 못해 힘이 없어서 병원에 갔더니 임신 3주째라고 한다. 소중한 생명의 잉태에 감사하며 인생은 슬픔과 행복은 공존한다는 걸 실감했다. 희망이라는 단어가 떠오르면서 묵묵히 나의 길을 걷고 있는 거라 믿었다.

남편은 아침에 출근하여 저녁이면 들어오니 육아나 집안일은 전부 나의 몫이다. 퇴근 후 반 술 되어서 들어오는 날이 잦았다. 그런데 술 마신 뒤면 좋지 않은 주사가 있다. 말을 하면서 술을 깨야 잠을 잘 수 있단다. 남편의 숙취가 깰 때까지 일과를 다 들어주어야 한다. 육아와 집안일로 피곤함에 찌들어 있던 터라 무척 힘들었다. 서로의 입장만 내세우다 다투곤 했는데 갈수록 싸움이 잦았다. '포기하는 심정으로 남편의 말에 경청만 하고 살자'라고 결론을 내리니 차라리 마음이 편하다.

나는 술 한 잔도 못 하니 남편의 주사를 도저히 이해할 수가 없다. 술이란 놈과 인연을 맺어볼까 싶은 마음에 집에서 남편과 한잔 했더니 얼굴과 몸 전체가 빨개지면서 호흡이 곤란해서 죽을 뻔했다. 더욱더 술이란 놈과는 원수 아닌 원수가 되었다. 예전에 옆집 할머니가 술이란 놈을 원수라고 했는데 그때는 몰랐다. 직접 겪어보니 할머니의 마음이 이해된다. 오죽하면 남편 들으라고 "술 공장이 망해라"라며 소리쳤던 적도 있다.

술만 마시지 않으면 법 없이 살 세상 착하고 순한 남편이다. 그

놈의 술만 마시면 왜 그렇게 변하는지 도대체 알 수가 없다. 남편이 더욱 미워지기 시작했다. 주말에는 집안일을 돕진 못할망정 뭐가 그리 먹고 싶은지 빨리 요리해다 바쳐야 한다. 조금이라도 지체하면 불호령이 떨어지기 일쑤다. 음식을 서둘러 내놓아야 남편이 소리를 지르지 않으니 요리에 정성은 없고 손만 잽싸게 움직인다. 남편 앞에 음식을 내놓곤 잠시 휴식을 취하려면 아기가 옆에서 뭐가 불만인지 엄마의 손길을 기다리고 있다.

정신없이 살면서도 어쩌다 둘째 아이가 태어났다. 돌봐야 할 손길은 아이 둘에 어른 한 명이다. 혼자서 모든 일을 다 하자니 남은 세월이 까마득하게 느껴진다. 어느새 큰아이가 초등학교 입학하면서 학부모가 되어 그런지 마음이 뿌듯해지며 생각이 더 많아졌다. 아이가 공부를 잘할 수 있을까 염려가 컸다. 아이가 잘하면 엄마들은 학교에 더 열성적이고 이이가 못하면 학교에 갈 면목이 없있던 시절이다. 지나고 보면 아무것도 아닌데 왜 그렇게 발버둥 치면서 살았을까. 행복도 불행도 영원한 것은 없듯이 모든 게 시간이 해결해 주는 것을 깨닫고 나니 마음은 훨씬 편했다.

아이들은 세월이 흐르며 무탈하게 잘 자랐다. 큰애는 대학생, 작은 애는 고3이 되었으니 아이들이 다 컸기 때문에 나의 일은 끝나는 줄 알았지만, 인생은 끝이 없으니 끝남과 동시에 또 다른 일들이 시작된다.

몇 년이 지나 아이들은 자신의 갈 길을 찾아갔다. 각자의 몫을 하고 열심히 살아가는 걸 보니 대견하기도 하지만 부모가 경제적으로 많은 도움을 주지 못해 미안하기도 하다. 그래도 우리는 최선을 다해 살았다고 스스로 위로한다.

50대 중반이 되어 둘만 남아서 살게 되었다. 남들은 신혼이라고들 하는데 난 신혼 초 단꿈도 오래 맛보지 못했다. 애들이랑 같이 있을 때가 더 좋았다. 남편은 아침에 출근하여 저녁이면 들어오는데 매일 똑같다. 어느 날은 반술, 어느 날은 만취가 되어 귀가한다. 아무리 애주가라고 하지만, 사람이 술을 먹는 건지, 술이 사람을 먹는 건지 도무지 알 수가 없을 정도다. 술은 먹으면 먹을수록 중독성이 강해진다는 걸 모를까. 오늘 마시면 내일은 보기도 싫을 텐데 다음 날이면 또 마신다. 매일 술을 마셔도 다음 날이면 출근은 아무 일 없다는 듯이 잘하길래 별문제는 없다고 여겼다.

직장에서 건강검진을 받았는데, 간 수치가 750이 넘었다. 남편은 아무 걱정이 없는 듯 보였지만, 나는 그 후로 걱정이 꼬리에 꼬리를 물고 늘어져 잠을 이룰 수가 없다. 병원을 가보자고 몇 번을 말했지만, 대답은 "너나 잘해라. 난 알아서 하니까"라며 당당하게 말한다. 남편은 찾는 건 집과 회사고 즐기는 건 오로지 술이란 놈이다. 일주일 중 한 5일을 마셨다고나 할까. 약간의 중독 증세를 보인다.

술이란 놈에겐 겨룰 장사 없다고 했다. 남편이 술기운으로 지탱하는 듯하여 술 좀 적게 마시라고 하면 돌아오는 대답은 항상 똑같다. "너나 잘해라 알아서 한다." 사실 알아서 하는 게 아니라 판단력을 잃은 거로 보였다. 술은 중독성이 있다는 걸 너무 늦게 알

앉다. 이미 때가 늦었다는 걸 알고 나니 제대로 몸을 가눌 수 없을 정도로 나빠졌다.

병원에서 검사 결과가 나왔다. 간장에 질환이 생겨 딱딱하게 굳는 간경화라고 한다. 솔직히 듣는 순간엔 뿌린 대로 거두는구나 싶었다. 신혼 때부터 거의 매일 술 마시는 남편이었고 술에 진저리가 난 까닭에 불쑥 나온 생각이다.

나는 걱정이 되어서 자다가도 벌떡 일어나 "제발 부탁인데 술과는 이별해야 살 수 있다. 아니면 나하고 이혼하든지 둘 중 하나만 선택하라"라고 했다. 약간의 침묵이 흐른 뒤 남편은 "이제부터는 안 먹겠다"라고 하길래 각서까지 받았다. 며칠은 약속을 지키며 술을 끊는 듯하더니 얼마 가지 않아 다시 술을 찾아 마셨다. 남편은 한해만 더 근무하면 퇴직이다. 몸이 건강해야 세상 구경도 다니고 하고 싶은 일을 할 수 있을 텐데 왜 술에 의지해서 사는지 나로서는 알 수가 없어 답답할 뿐이다.

남편은 다행스럽게 퇴직 때까지 잘 버티어 평생직장으로 마무리했다. 퇴직 후 집에만 있다. 밖에 나가서 하고 싶은 것 있다면 뭐라도 찾아서 해보라고 했더니 화만 낸다. 내가 말만 하면 잔소리로 들리는지 싸움만 하게 되어 도저히 말을 붙일 수가 없다. 이러한 일들이 일상이 되니 나의 몸도 좋지 않아 포기 아닌 포기로 살았다. 남편은 건강이 계속 나빠지는데도 하릴없어 그런지 술을 마셨다. 한 해가 다르게 몸이 야위어가니 보기가 안타까워 병원에 가자고 하면 고개를 절레절레 흔들며 "내 병은 내가 아니까 간섭하지 말라"라고만 한다. 어떻게 할 수가 없어 답답하다. 누가 하늘은 스스로 돕는 자를 돕는다고 했나. 본인이 하지 않으면 아무것도, 아무도 도움을 줄 수 없는 노릇이다. 새삼 느낀다. 습관과 버릇은 참으로 고치기 쉽지 않다는 것을.

시간이 지날수록 술을 많이 마시지도 못하는데 한 잔만 마셔도 다리에 힘이 빠져서 넘어지기 일쑤다. 어느 날은 배가 붓고 어느 날은 다리가 부어서 움직이지 못해 병원에 입원하자고 했더니 아프지 않으니, 시간이 지나면 낫는다며 걱정하지 말란다. 내 일이나 잘하라는 말에 더 말하면 싸움이 될 것을 알기에 지켜만 볼 뿐이다. 무슨 고집이 갈수록 고래 심줄 같은 항소 고집일까.

해가 바뀌어 설이 다가오는데 남편은 방에서 아예 꼼짝을 못 한다. 나에게 이거 해달라 저거 해달라 심부름을 하도 많이 시켜서 잠시도 자리를 비울 수가 없다. 이러다가 큰일 치르겠다 싶어서 멀리 있는 아들한테 도움을 청했다. "아빠가 엄마 말을 안 들으니 네가 와서 아빠를 병원에 입원시켜야겠다"라고 했다. 아들은 남편의 증세를 들어보더니 곧바로 왔다. 아들의 권유로 강제 비슷하게 남편을 입원시켰다. 코로나19가 유행하는 시절이라 보호자 1명만 출입할 수 있다. 보호자로 하룻저녁을 자고 나니 남편의 건강 상태가 좋아 보였다.

아침 죽을 맛있게 먹은 후 30분 정도 지났을까. 갑자기 발작하더니 심정지가 왔다. 옆에 있던 간호사가 달려와서 심폐소생술을 하더니 병원 처치실로 자리를 옮겨서 산소호흡기를 달았다. 남편은 말을 할 수도 없고 눈만 껌뻑이니 사람을 알아볼 수 있는지 도통 알 수가 없다. 그나마 다행이다 싶다. 다음 날 중환자실로 옮겨지며 면회도 하루에 한 번만 가능하다. 그것도 코로나 검사 결과지를 보여줘야만 하니 절차가 복잡하다.

시간이 지나면 상태가 좋아질 거로 생각했다. 하루 이틀, 일주일, 2주일 지나도 자가 호흡이 되지 않는다. 산소호흡기를 떼야 하는데 자가 호흡이 안 되면 목에 구멍을 뚫어서 호스를 키워야 한다는 의사 선생님의 진단에 눈물이 핑 돌았다. 잠시나마 희망을 품었는데 더는 희망 자체가 없는 셈이다.

중환자실에서 일반실로 옮겨서 3주 정도 상태를 살폈다. 병원에서는 장기 입원을 할 수 없으니 산소호흡기가 있는 요양병원에서 치료해야 했다. 요양병원으로 옮기니 면회도 할 수 없고 영상통화만 가능하다. 산소호흡기로 인해 말을 주고받을 수가 없지만, 영상통화로 남편 얼굴만 보는 거로 만족해야 하는 코로나19 시절이다. 그동안 가장으로서 고생을 많이 하며 자기가 하고 싶은 것도 하지 못했다는 생각에 가슴이 쓰려왔다. 이렇게 끝나면 너무 허무하고 인생 무상하구나 싶었다.

병원에서 연락이 왔다. 순간 가슴이 철렁했다. 아니나 다를까 남편이 위중하다는 연락이다. 정신없이 병원에 달려갔더니 "더는 손을 쓸 수가 없다. 임종만 지켜보라"라는 의사 선생님 말씀에 나도 모르게 눈물이 흘러내려 아무것도 할 수가 없었다.

떠나는 남편 앞에 내가 해줄 수 있는 것은 아무것도 없다. 마지막으로 할 말을 해야겠다는 마음으로 "당신이 남겨두고 가는 아들, 딸은 아무 걱정하지 말고 좋은 곳으로 가요"라고 말했다. 남편은 알아들었는지 내가 알아들을 수 없는 말을 계속 반복적으로 했다가 갑자기 숨을 몰아쉬더니 멈춰버렸다. 아무 생각도 나지 않고 마지막이라는 생각에 흐르는 눈물을 주체할 수가 없다.

사람이 태어나면 한 번은 가야만 하는데 언제 저승으로 떠날지는 아무도 모른다. 남편을 보냈지만, 아무것도 안 하고 살 수는 없는 노릇이다. 이제 혼자라는 생각에 무엇을 하고 살아야 후회 없는 삶을 살 수 있을까.

남편이 떠난 지 보름 만에 병이 왔다. 병원에 갔더니 병명은 돌발성 난청이다. 치료에만 집중하면서 여러 병원을 찾아다녀도 차도가 없다. 어떤 사람은 낫기도 하는데 난 1년 동안 치료해도 낫지 않는다. 의사 선생님은 내 병명을 '감각 신경성 난청'이라며 정확한 원인을 알 수 없고 고치기도 어렵단다. 뾰족한 치료법이 없으니 집에서 귀 운동만 할 뿐이라 별 호전은 없다. 앞으로 무엇을 할지, 어떻게 살아야 할지 엄두가 나지 않는다.

혼자서 할 수 있는 일을 찾다가 공부하겠다는 결심이 섰다. 요즘은 예전과 달리 만학도 학생들이 다니는 대학교가 있단다. 부산여자대학교를 선택하니 잘했다는 생각에 마음이 뿌듯하다. 대학 생활의 꿈을 안고 입학했다. 학교 정원을 들어서는 순간, 목련꽃과 진달래꽃들이 나를 반겨준다. 대학교가 약간의 오르막이 있기는 하지만 대학교는 높은 곳에 있는 게 당연하다 여기니 기뻤다. "이제 나도 대학생이다"라고 마음속으로 소리를 질렀다. 사람은 가보지 않는 길은 아무도 모르듯이 내 마음은 나 자신 외에는 아무도 알 수 없으니 앞으로 많은 경험을 쌓으면 미래의 추억이 될 것이다.

기쁜 마음으로 등교해 보니 언니, 동생, 친구들 모두 좋아 보인다. 같은 입장이라서 그런지 빨리 가까워지고 자꾸 보고 싶어 학교 가는 게 정말 행복한 나날이다. 공부는 생소하지만 교수님들이 잘 따라오게끔 설명을 잘해준다. 시간이 지나니 약간의 재미도 느껴지면서 보람도 생긴다.

내가 공부를 선택한 건 신의 한 수다. 한 가지 말할 수 있는 건 공부하는 동안에는 슬픈 일과 괴로운 일을 잊어버리고 있다는 사실이다. 제2의 인생을 위해서 달려보니 20대 청춘으로 돌아간 기분이다. 한 학기를 끝내고 여름방학을 맞아 집에서 뒹굴뒹굴 뒹굴다 보니 빨리 학교에 가고 싶다. 언니, 동생, 친구들이 보고 싶다. 동아리 활동도 하고 싶고 모든 것들이 그리워진다. 부산여대가 가장 좋은 건 동아리 활동들이 많아서 평

대학교 중간고사를 끝내고 오랜만에 용두산 공원에 들러 지난날들을 회상하는 모습이다.

소에 자기가 하고 싶은 동아리를 선택하여 마음껏 자기를 빛낼 수 있기 때문이다. 또 학교에서의 배움이 좋은 건 나의 역량을 키워주고 모자라는 것을 채워주며 하고 싶은 건 얼마든지 할 수 있어서 좋은 것 같다. 몸은 말을 안 듣지만 머리가 먼저 움직이면 몸은 어쩔 수 없이 따라오고 마음은 자동으로 옆에 와 있다.

나의 미래를 위해서 현재에 충실해지고 싶다. 어제는 과거이고 내일은 알 수 없는 미스터리다. 오늘을 나에게 가장 소중한 선물이라 생각하니 최고의 선물은 현재다. 지금을 즐기지 못하면 그 미래가 현재가 되어도 즐기지 못한다는 걸 이제는 안다. 나는 부산여자대학에서 그동안 못했던 것들을 후회 없이 마음껏 즐기고 갈 것이다. 세상을 거꾸로 살다 보니 느낌도 두 배가 된다. 모든 면을 긍정적으로 생각하면서 살아가는 나 자신이 대견하다. 글쓰기 동아리에서 내 본연의 모습을 글로 적는 과정에 참여하면서 글로서 나를 표현하게 됐다. 이전엔 글로 나를 표현한다는 그 자체를 어렵게 느끼며 엄두를 내지 못했다. 이 글을 통해 내 안의 나를 헤아리며 끄집어내어 지난 내 삶을 돌아보니 무엇보다도 귀하고 값지다.

"조정자! 너 정말 잘 버텼고 장하다. 네게 최고의 선물은 바로 오늘이야."

쉿! 내 안의 숨은 페이지들

🖋 김현숙

나이가 들수록 나를 내려놓게 되면서 나 자신을 다스려야 된다는 생각을 지닌 조용하면서도 다혈질적인 성격의 소유자로 도전하면 끝을 봐야 하는 불굴의 의지를 지닌 나다.

첫사랑은 인생의 동반자

1학년 | 김현숙

첫사랑의 흰 눈 내리다

나의 고향은 하동에서 지리산으로 들어가는 끝자락에 자리 잡은 깊은 산골 마을이다. 아늑하고 따스한 초가집들이 옹기종기 모여 있었는데 그곳엔 12가구의 친척들이 오순도순 살았다. 엄마는 눈 내리는 겨울철이면 점심을 간편하게 준비하곤 했다. 소복하게 흰 눈 덮인 장독대에서 꺼낸 동치미에 토실토실하게 삶은 고구마를 곁들여 내놓았다. 고구마를 한 잎 베어 물고 살얼음 쳐진 동치미 국물을 한숨에 마신다. 시원한 동치미 맛이 입안에 쏴 퍼지니 속이 뻥 뚫리듯 하다. 그 맛을 잊을 수가 없다.

오후엔 눈 덮인 산속에서 친구들과 토끼몰이도 하며 땔감 구하러 다니면 하루 시간이 어떻게 가는 줄 몰랐다. 초저녁 새하얀 눈

나라 속으로 모락모락 피어오르는 굴뚝 연기가 연출한 설경에 산골 소녀 마음은 눈물겹다. 가마솥 밥과 꼬들꼬들하고 구수한 누룽지 그리고 따뜻한 구들목이 아직도 그립다.

여름이면 시냇가에서 친구들과의 물장구에 시간 가는 줄 몰랐고 울퉁불퉁한 바윗돌 사이를 헤집고 다니며 다슬기를 잡았다. 노릇노릇 익어가는 보리와 밀을 꺾어다 도랑 주변에 옹기종기 마주 앉아 모닥불에 굽는다. 거슬러진 보리와 밀을 손으로 비벼대며 후후 불어가면서 먹는 것에 정신이 팔려 가시가 박혀 아픈 줄도 몰랐다. 우리는 그렇게 자라고 있었다.

15살 되던 겨울이다. 산으로 친구들과 땔감 구하러 뒷산으로 갔다. 쭉쭉 뻗은 사리 나무를 베어 가지런히 놓은 채 새끼줄로 묶어 머리에 이고 산길을 내려오고 있었다. 길목에서 낯선 사람들과 마주쳤다. 얼마 전부터 우리 마을에 들락날락하던 사내들이다. 사내들이 '꼬마야'라고 부르며 말을 걸어왔지만, 대꾸도 하지 않고 어설프게 묶은 나무 짐을 질질 끌고 지나쳐버렸다. 며칠을 오고 가던 어느 날, 또 길에서 마주쳤다.

첫사랑은 이루어지기가 어렵다고들 한다. 첫눈 내렸을 때 그 사람을 만났다. 나의 첫사랑도 세월 속에 우여곡절이 많다. 첫눈이 펑펑 내린다. 첫눈은 반가운 손님이 찾아오는 것만큼 기쁘다고 한다. 첫눈 내리는 설렘을 안고 친구들과 눈길을 미끄러지듯 내려가다가 마주치던 한 사람이 나에게 쪽지를 건네주었다. 난 그걸 보지 않고 찢어버렸다. "흥! 어림없지" 전혀 관심이 없던 나니까. 눈이 많이 쌓여 산을 못 가게 되었고, 이후 그 사내들도 보이지 않았다.

며칠 후 동네 동생을 통해 문종이 편지를 전해 왔다. 자신은 육상 선수라서 운동하러 다녔다는 등의 내용이 빽빽하게 적혀져 있었다. 그 사람에 대한 어떤 설렘도 없었다. 나무꾼과 선녀도 아닌데 뭐. 그 후 그가 학교로 보낸 우편물은 다른 학생을 통해 나에게 전달됐으나 성도 이름도 정확히 적지 않았다. 간혹 이름이 적힌 편지가 날아왔지만, 답장은 쓰지 않았다.

시골 학교에 가을 운동회가 열렸다. 점심시간 후 낯이 익은 사람이 나타났는데 그였다. 운동복 차림인데 제법 깔끔하고 멋있다. 누가 볼세라 학교 뒤편 언덕 위에서 둘이서 이야기 나누는데 선배들이 따라와 보고 있다. 이후 그는 고등학교 교복 차림으로 찾아왔길래 내 친구와 함께 만나고 했지만, 손 한번 잡지 않았던 것 같다. 가끔 다른 이름으로 편지를 보내오더니 갑자기 소식이 뚝 끊겼다.

몇 달이 지나서 그의 군대 입대 사실을 알게 됐다. 그가 보낸 편지가 친구들을 통해 왔지만, 그 편지를 아버지가 받아서 아궁이에 집어넣고 태워버렸다. 어떤 내용도 알 수 없었다.

이번엔 봄 아지랑이와 함께 그가 찾아왔다. 마을 아래 논두렁에서 친구와 쑥을 캐고 있는데 먼발치에 웬 군인이 웃고 있었다. 군복 차림으로 내 앞에 나타난 것이다. 의젓하고 믿음직하다. 그동안 오빠가 없어서인지 오빠 있는 친구들이 늘 부러웠다.

왜일까? 가슴이 콩닥콩닥하니 사랑이 움트는 듯하다. '헐' 이래서 열 번 찍어 안 넘어가는 나무가 없다고 했나. 그의 군대 복귀

후 우리는 편지를 주고받으며 오빠 동생으로 정이 들었다. 중매가 들어와도 뿌리치고 그 사람만을 생각하게 되었다.

그는 군 복무를 마치고 복학 준비로 광주에서, 나는 부산에서 시간을 보내고 있었다. 그러던 중 내 생일에 맞추어 부산으로 그가 찾아왔다. 우리는 해운대 밤바다 파도 소리를 들으며 백사장을 거닐면서 사랑을 속삭였다. 단호하고 믿음직한 그의 모습에 내 마음이 사로잡혔다.

그는 복학 후 기말고사를 치르고 서울로 가야 한다며 함께 가자며 졸랐다. 7남매의 막내로 둘째 형님댁과 생활하는 어머니에게 간다고 했다. 할 수 없이 서울 구경하는 마음으로 무작정 따라나섰다. 인사하러 간다는 생각은 전혀 없었는데 그만 그의 조카에게 들켰다. 어쩔 수 없이 인사를 드리러 집안에 들어가야 했다. 방에 들어서니 백발의 노모를 중심으로 대가족이 살고 있었다. 엄청 어렵고 불편한 상황에서 그만 붙들리고 말았다. 일주일 이상을 그 집에서 지내야 했다.

수많은 세월이 흐르며 우여곡절 끝에 우리는 결혼식도 올리지 못하고 부부의 삶을 시작했다. 내 인생은 이때부터 고생의 문이 활짝 열렸다. 서울 약수동 꼭대기 달동네에 부엌조차 없는 단칸방을 구했다. 손위 동서가 기본적인 생활을 할 수 있도록 살림살이를 마련해서 따로 살도록 했다. 서울의 겨울은 눈이 많이 내렸는데 몹시도 추웠다. 이듬해 봄에 회사와 가까운 곳으로 이사했다. 남편은 모피 등을 수출하는 무역회사에 취업했고 나는 삼익악기 회사에 들어갔다.

　서울에 정착하여 직장을 잘 다니고 있는데 부산 사는 남편의 셋째 형님이 다녀가면서 부산으로 가잔다. 남편을 철도청에 취직시켜주겠단다. 철도 공무원이 될 수 있겠다는 솔깃한 제안에 부산으로 향했다.

　막상 부산으로 거주를 옮겼으나 취직자리가 없다고 하여 6개월 이상을 실업자로 있다가 직장에 들어갔다. 철도청 별정직은 박봉이지만 월급의 60%는 무조건 저축했다. 월세방에서 전세방으로 옮길 때 첫아들이 태어났다. 크게 기뻐할 사이도 없이 몰려드는 고달픔에 이루 말할 수 없이 힘들었다. 둘째 녀석도 아들이었는데 사랑스럽고 총명했다. 작은 아이 두 살 때야 우리는 결혼식을 올릴 수 있었다. 이제 법적인 정식 부부다. 남편은 왜소하고 약한 체질에 저합한 지업인 택시 운전사로 이직하여 어렵사리 아이들을 키웠다. 두 아들은 병치레 없이 건강하게 자라주는 게 그나마 없는 살림에 다행이었다. 얼마나 힘들었던 생활이었는지 소도 비빌 언덕이 있어야 비빈다는 속담이 가슴에 절로 새겨지는 나날이었다.

　큰아이 낳고 6개월 후 시어머님은 세상을 등졌다. 부모에게 막내 울음소리는 저승까지 들린다고 하니 저승에 가서라도 남편을 잘 돌봐주면 좋겠다고 간절히 기도했다. 형제들이야 각자 가정을 이루고 살면서 서로 먹고살기 바쁘니 서로를 돌보는 것이 어려웠다.

　아이들을 중학교와 고등학교에 각각 보내고 나니 지인의 부탁으로 보험회사 시험을 치러 갔다. 보험회사에 다닐 생각은 전혀 없었지만, 교육을 들으면서 생각이 바뀌었다. 보험을 들어도 기본적인 상식은 알아두면 도움이 될 것 같았고, 교육 내용이 배울 게 많아서 육성 교육을 받으며 교육 수당까지 받았다.

기본적인 인사법부터 금융법, 세법, 심리 공부 등 6개월간 육성 교육과정을 수료했다. 교육이 끝난 뒤 여성 약사에게 보험 계약을 체결하며 개척 영업에 성공했다. 배운 대로 열심히 영업하니 우수 설계사에다 트레이너까지 되면서부터 본격적인 영업활동을 했다. 그 결과 양산에 있는 땅 200평을 살 정도로 열심히 영업했다.

그간 남편이 벌어다 주는 작은 봉급으로 살면서 이웃집 아줌마들과 보낸 지난 시간이 헛된 시간이었음을 느꼈다. 그 후 계속 직장에서 일하면서 집안 형편은 점차 좋아지며 활동적인 사회생활에 적응이 되어갔다. 작은 아파트 한 칸에 땅도 가졌으니 이미 부자 된 듯했다. 틈틈이 배운 비디오 촬영 기술로 주말이면 웨딩 촬영 수입이 생겼고, 야간에 불교대학 다니면서 공부하여 열심히 살았다.

나에게도 기적은 찾아왔다.

친정아버지는 직장암 수술 후 4년 만에 우리 곁을 떠났다. 그해는 따뜻한 봄날이었다. 뒷산에 진달래꽃 흐드러지게 피고 길가에 노란 개나리꽃이 만발했다. 아버지가 떠나는 날 밤새 내린 비에 꽃들마저 고개를 떨구었다. 새벽에 날씨가 맑아지면서 햇살이 환하게 비쳤다. 통곡한들 무엇하리. 산을 넘고 물을 건너며 떠나는 아버지 저승길에 노란 개나리꽃들이 하늘거리며 안내해주겠지.

아버지를 보낸 며칠 후 남편 안색이 좋지 않았다. 남편은 48세로 나보다 5살 위다. 새카맣게 변하는 모습에 황급히 병원으로 갔다. 불길한 예감이 들어 그냥 기다릴 수 없어서 내과 의사에게 전화해서 하루빨리 결과를 듣고 싶었다. 전화기 너머로 들려오는 '간경화 말기', B형 간염이던 남편의 간경화 말기 판정이다. 자세한 설명을 듣고자 의사에게 달려가 당장 어찌하면 되는지 물었다. 율무와 솔잎을 먹여보겠냐 한다. 무언들 못하겠냐고 대답한 뒤 뒤돌아서는데 하늘이 무너지는 듯하다. 가슴에 '뻥' 구멍이 난듯하여 멍하게 서 있었다.

제분소로 가서 녹용 등 몸에 좋다는 보약재 48가지를 작고 동그랗게 빚은 환으로 만들어 달라고 요청했다. 제분소에서 받은 한약은 라면 상자에 가득하다. 그런데 먹이지 말라는 의사 선생님의 말씀에 어쩔 수 없이 지인들에게 나눠주어야 했다.

남편은 평소에도 위장이 좋지 않아 음식을 먹은 후 되새김질했다. 잦은 감기에 가래가 들끓어 캑캑거리니 신경이 쓰여 감기약을 지니고 다니면서 먹다시피 했다. 그 때문에 간이 더 나빠졌을 수도 있다 싶었다.

우연히 길을 지나가다가 무서운 소리를 들었다. 잘 모르는 점쟁이 아줌마가 한마디 툭 내뱉었다. "올해 당신 남편이 죽는다." 순간 충격적인 말에 숨이 멎는 듯했다. 듣지 않은 것으로 생각하곤 귀를 씻어내며 종교의 믿음으로 부정적인 말은 무시하고 싶었다.

매월 1일에서 3일까지 늦은 밤 2시간씩, 통도사 선교원에서 '대다라니경' 독송을 했다. 두구동 홍법사에서 정진 기도를 드렸다. 4월 초파일 부처님 오신 날 일주일 전에 3천 배 기도를 신청하고 있었다. 108배는 해봤지만 천 배는 한 번도 못 한 나인데도 무턱대고 신청했다.

마음을 단단히 먹고 부산역 광장으로 나갔다. 두툼한 솜으로 만든 회색빛의 불자 옷에 '3천 배' 글씨가 찍힌 흰 티셔츠와 생수를 받아 접수번호가 순서대로 깔린 곳으로 줄을 지어 자리 잡았다. 주변엔 경찰들의 안전 보호막이 군데군데 깔려 있었다. 밤 8시부터 행사 시작 사회자의 구령에 맞춰 한마음, 한뜻으로 두 손 모으고 오체투지에 들어갔다. 석가모니불의 가르침을 따라가며 성장해 나가기를 바라는 마음이다.

오직 한 가지 소원만을 간절하게 빌었다. 마음속으로 "사람 살려주세요. 남편을 살려주세요"라는 절박한 마음을 되뇌며 구령에 맞추어 석가모니불 정근을 했다. 1천 배 후 5분 휴식, 2천 배 후 5분 휴식, 2천 5백 배 후 5분 휴식이다. 여기까지는 열심히 달려왔는데 3천 배 가는 길은 어지러질 멀미가 나고 토할 것 같다. 너무나도 멀고 먼 수행 길이다. 오직 한 가지 간절한 마음으로 3천 배를 마치니 기쁨으로 꽉 찼다.

집에 돌아가는데 온 다리가 후들거리고 근육이 뭉쳐서 엄청 힘들다. 한숨 자고 오후에 다시 통도사 포교원 법당으로 달려가서 오체투지를 하면서 근육 운동으로 풀어가니 오후쯤 되니 뭉친 근육이 풀렸다.

부처님의 자비와 깨우침을 받았는지 나를 일깨우는 지혜와 용기가 생긴다. 의사 선생님 의견에 따라서 청정지역인 내 고향인 지리산에서 자란 솔잎을 한 바구니 따다가 씻은 후 찜통에 찌고 말렸다. 방앗간에 가져가서 분말로 만들어 냉동 보관했다. 이 솔잎분말과 국산 율무, 쥐눈이콩, 보리, 현미 찹쌀, 노지 표고버섯을 갈아서 미숫

참선하는 선방 문고리만 잡아도 업장 소멸 (말, 동작 또는 마음으로 지은 악업에 의한 장애가 없어 짐) 된다고 하여 빌고 있는 모습

가루로 만들었다. 남편은 이 미숫가루를 타서 마시고 인진쑥, 갈근, 감초를 달인 물로 마셨다.

허준의 동의보감을 공부했고, MBC TV에서 방영한 동의보감 상·하편을 보았으며 간경화증에 도움이 되는 약초 공부했다. 동의보감에서 찾게 된 간경화에 좋은 약은 멧돼지 쓸개와 매실 액기스

두 가지뿐이었다. 당시는 매실이 많이 알려지지 않았기에 kg당 500원밖에 되지 않았다. 60kg 한 가마니를 저렴하게 사들여 씨앗까지 함께 분쇄해서 착즙기로 즙을 짜니 20L 말 통에 가득하다. 이 즙을 커다란 찜통에 3일간 다리고 조여 꿀 병 크기 80% 정도의 진액으로 만들었다. 이 진액을 작은 티스푼으로 한 티스푼을 아침저녁으로 복용케 했다. 청정한 산속에 자라는 미나리를 한 박스 정도 뜯어와서 생즙으로 짜서 매일 한 컵씩 마시니 간 검사받을 때마다 수치가 조금씩 떨어지며 희망이 생기기 시작했다.

내과 의사 선생님은 남편에게 인터페론(Interferon)을 투입하자고 했다. 남편의 상태는 불안했다. 백혈구 수치가 너무 많이 떨어져서 그런지 기분이 안 좋다고 했다. 이번엔 고신대 복음병원의 암센터에서 특진으로 진료받았다. 특진 의사 선생님은 인터페론은 위험하니 본인은 못 준다며 약을 한 보따리 처방했는데 내과 선생님이 적어준 소견서대로 치료하겠다고 했다. 내과 선생님의 뜻에 동의하고 인터페론을 주기적으로 투입하는 날엔 남편은 몹시 고통스러워하더니 다음날이면 몸 상태가 좋아졌다. 6개월 동안 투입하면서 먹던 약을 대신했다.

여름 한더위가 지날 무렵 아침 산책하는 산길에 말벌집이 나지막한 느티나무 가지에 커다랗게 달려 있었다. 그걸 본 순간 따야겠다는 생각에 욕심이 나서 말벌집을 건드렸다가 온몸을 벌에 쏘여 죽을 뻔했다. 온몸이 퉁퉁 붓기 시작하면서 병원에 다녀왔지만, 오한이 들고 죽을 것 같다. 다시 병원으로 가서 링거 주사로 해독시켜 통증이 가라앉고 살 것 같았다.

링거를 맞으면서 정신을 차린 뒤 말벌집 따는 연구만 하고 있었다. 죽을 뻔하면서도 꼭 필요한 이유가 있다. 내가 감기를 많이 앓고 있을 때 말벌집을 달여 잠자기 전에 한 사발을 마시고 아침에 일어났더니 거짓말처럼 감기가 나은 적이 있었다. 그 생각에 남편과 아이들의 마른기침에 도움이 되겠다 싶어 준비도 없이 말벌집 따려고 흔들다 혼났다. 마을에 사는 당숙님과 몇 분의 동네 어르신이 며칠 후 고맙게도 말벌집을 따주었다.

냉동시켜 벌을 기절시킨 후 켜켜로 가득 찬 애벌레들이 머금고 있는 벌꿀을 커다란 찜 속에 모두 넣고 물을 부어 푹 삶았다. 달콤한 벌꿀 향이 온 집안에 가득하다. 남편은 진하게 달여진 벌꿀을 매일 혼자 마시더니 빠른 효과를 보았다. 그렇게 오래 끌었던 남편의 가래가 없어졌다. 기관지에 좋다는 말벌집 효과는 엄청났다. 애벌레엔 단백질이 있어서 간경화 치료에 효과가 컸을 것 같다. 간에 좋다는 멧돼지 쓸개를 구할 수 없으니 내가 할 수 있는 건 다했다.

산에서 자란 자연산 두릅, 취나물과 주말농장에서 직접 키운 채소, 노지 표고버섯을 잡곡밥과 함께 먹었다. 식탁엔 육식 고기보다 생선 종류를 올렸다. 김장과 고추장에 사용하는 고추는 직접 심어 가꿨다. 간장과 된장은 고로쇠 물로 담겼으며 멸치젓갈은 매번 담았다. 청국장도 손수 만들었고 맛 내기 육수는 멸치, 다시마, 표고버섯, 양파 등으로 만들어 나물볶음에 사용했다. 단맛은 다양한 효소를 만들어 3년 이상 묵혀둔 것을 이용했으며, 설탕과 조미료는 일절 사용하지 않았다.

　약초와 음식 종류에 관심을 기울이며 3년 동안 꾸준하게 식생활을 관리하다 보니 3년 만에 남편의 간경화 병의 증세가 엄청나게 좋아졌다. 내과 의사 선생님은 "기적이다. 마누라가 살렸다"라며 나의 노고를 칭찬했다.

　이후로도 꾸준하게 관리하고 있다. 정신없이 사는 동안 사랑하는 두 아들은 의젓하고 믿음직하게 성장하여 결혼했다. 예쁜 두 며느리와 손주들의 웃음소리가 집안 가득하다. 두 아들 장가보내면서 주말농장을 하던 양산에 전원주택을 지어 이사했다. 전원주택 하면 아름다운 정원을 상상할 수 있겠지만 건강을 우선으로 지은 집이다. 콘크리트 슬래브 주택으로 황토를 열두 트럭이나 실어다 붓고 만든 텃밭에는 약이 되는 뿌리식물, 으름덩굴, 오미자, 구기자 등 수십 가지의 약용식물을 심었다. 건강을 유지하거나 병을 치료하기 위한 채소밭은 풍성한 웰빙 식단이다. 청계닭, 오골계 등 다양한 토종닭을 키우면서 참나무 원목에 표고버섯을 기르니 먹거리가 넘치는 전원주택이다.

　마당에 심은 잔디를 걷어냈다. 여름철에 풀장을 설치하면서 잔디가 죽어버렸다. 할 수 없이 인조 잔디로 바꾸었다. 손주들이 물놀이를 할 수 있도록 베스트웨이 대형 수영장을 설치했다. 손주들이 물놀이한 후 먹는 간식거리는 텃밭에서 키운 찐 옥수수와 주렁주렁 열린 방울토마토, 애플 수박이다. 텃밭은 먹거리 채소밭이고 마트 그 자체다. 아들 둘은 솥뚜껑 걸어놓고 불을 지펴 장어와 삼

겹살도 구워 아이들 챙겨 먹인다고 더운 줄도 모른다. 밤이 되면 옹기종기 둘러앉아 모닥불을 피우거나 불꽃놀이를 하니 조용했던 우리 집은 웃음소리 떠들썩하니 사람 사는 것 같다. 이보다 더 행복할 수 있을까. 더 바라면 욕심일 정도로 최고로 행복하다.

남편은 73세로 꾸준한 건강 관리와 유기농 채소 섭취 덕분에 간경화 병세는 회복되었다. 개인택시를 운전하는데 비번날은 텃밭을 가꾸는 등 정상적인 삶을 살고 있다. 약용 뿌리식물, 나물들, 차로 마실 수 있는 오미자, 구기자, 작두콩, 여주 등 모두 심어서 키우고 먹으려면 쉴 새 없이 움직여야 한다. 전원주택 지으면서 나오는 암반수 지하수가 너무 좋다. 유기농 채소뿐만 아니라 깨끗한 물과 좋은 공기는 돈으로 살 수 없으니 엄청난 가치를 얻었다. 나도 B형 간염이었는데 어느 날 항체가 생기며 정상이 됐다. 아마 좋은 공기와 좋은 암반수 지하수 물 그리고 건강식으로 인한 결과일 것 같다.

나는 지금도 틈나는 대로 약초 공부하고 있다. 특별한 전문지식을 가진 건 아니나 내 나름대로 자연과 접하며 책을 통해 체험하고 터득한 나만의 방법이다. 남편의 병 치유를 위해 죽을힘을 다해 살아온 나날은 생명의 존엄과 삶의 가치를 소중하게 느낄 수 있는 귀한 나의 삶이다.

양산으로 이사 온 지 10년이 지났다. 요양보호사로 7년 정도 하면서 공부할 기회가 내게도 온 것이다. 그동안 돈 번다고 앞만 보고 오다가 희망이 생기니 새 세상이 열리는 기쁨이다. 성인 어머니 중·고등학교를 졸업하면서 대학교도 갈 수 있다. 광명의 길로 축복

받은 기분이다.

　만학도로 부산여자대학교 사회복지학과 입학했으니 난 여대생이다. 국가장학금 혜택이 동기부여가 되긴 했지만, 사회복지사가 돼서 사회에 봉사하며 훌륭한 사회복지사 역할을 할 수 있도록 끊임없이 노력하고 배워야겠다. 이후 배운 것을 나누면서 최선을 다하는 삶, 행복한 삶을 살아가고 싶다.

　이제야 거울 앞에 앉아 나를 보며 칭찬하고 싶다. "현숙아! 너 참 대단하다. 장하다. 그리고 수고했다. 이제는 욕심은 내려놓고 봉사하는 마음으로 여생을 살리라"

에필로그

우리도 빛나는 별이 되고 싶어요

총괄 튜터 | 이경희

　당돌하게 "교수님! 지금의 학교 홍보로는 학생모집이 점점 더 어려워집니다. 더욱 새로운 방법을 모색해야 합니다"라고 했죠. 평상시 품고 있던 제 생각을 이정식 교수님에게 툭 던지듯 말하는 제 모습이 부담스러울 만도 하건만 교수님은 "그래요! 그럼, 학생이 생각하는 방법은 무언가요?"란 반응을 보였답니다.
　제가 품고 있던 생각은 우리 학교 신입생 유치에 대한 우려였어요. 사실 우리 학교뿐만 아니라 지역 대학은 학령인구 감소와 수도권으로의 인구 유출로 인해 신입생 모집에 곤란을 겪는다고 해요.

저도 대학에 다니면서 그 문제에 깊이 공감하고 있었어요.

　유니온 동아리를 통해 각자의 사연을 묶은 책 출간에 앞서 불현듯 지난 일이 파노라마처럼 스쳐 지나가네요. 그동안 동아리와 관련한 속사정을 글 마무리에 드러내면 세상이 우리들의 진솔한 마음을 알까 싶음에 넋두리하듯 적으려 해요.

　무더위가 기승을 부리던 작년 여름, 다도 동아리에 기쁜 소식이 전해졌어요. 부산시 주최의 행사에 우리 학교의 다도 동아리가 참여하게 되었답니다. 이경남 교수님 추천으로 다도에 대해 아무 경험 없는 제가 그 행사에 동참하였어요. 북적거리는 벡스코 행사장은 각자의 부스를 홍보하는 사람들의 열기로 가득했어요. 우리도 신입생 유치를 위해 학교를 알리는 일과 차 홍보에 여념이 없었죠. 그 자리에서 봉지희 선배를 처음 만났어요. 지금은 둘도 없는 친한 사이가 되었지만, 그 당시엔 어려운 선배였죠. 선배는 사진을 찍어 편집하는 기술이 전문가 수준이더라고요. 열정페이로 자신의 시간을 투자해 학교행사 때마다 영상을 올리고 있는 모습이 안쓰러웠어요. 그나마 다행스러운 건 학교가 선배의 실력을 인정하고 있다는 것이었죠. 행사장 구석에 앉아서 "선배의 재능이 아까우니 동아리를 만들어 체계를 갖춥시다. 그래서 떳떳하게 능력을 인정받아 학교의 행사에 참여합시다"라고 제안했죠. 구체적인 계획은 아무것도 없었어요. 패기 넘치는 열정만 가득했으니까요. 제 모습이 너무 당당해 보였던지 선배는 얼떨결에 "알았어요"라고 대답하더라고요. 우리는 그렇게 의기투합했지만, 선배는 여성단체협회의

총무를 맡으면서 바빠진 탓에 저만의 결기가 되어버렸네요.

열정만 가득했던 막연한 생각을 이정식 교수님에게 이야기할 기회를 호시탐탐 노리고 있던 어느 날, 그 기회가 찾아왔어요. 여름방학이 끝나고 삼삼오오 짝지어 교정을 거닐고 있을 때랍니다. 교내 카페에서 교수님을 만나 구수한 커피 한잔을 마시다가 용기를 냈어요.

"교수님! 동영상 관련된 동아리를 만들고 싶습니다. 요즘 젊은이들이 많이 접하는 SNS, 유튜버, 인스타 등을 통해 재학생들이 학교를 홍보하는 것이 훨씬 더 효율적입니다. 체계적으로 배워서 학교 홍보에 보탬이 되고 싶습니다. 학교의 적극적인 지원이 필요합니다." 지금 생각해보니 참 철없이 날뛰는 야생마 같았네요.

"아! 이경희 학생도 나와 같은 생각을 하고 있었군요. 서울의 몇몇 대학교에서 학생이 이야기하는 방법으로 자신들의 학교를 홍보하고 있다는 기사를 본 적이 있어요." 저의 당돌한 의견에 적극적으로 지지해 주더군요. 너무 가슴 뿌듯하더라고요. 교수님의 그 한마디가 제겐 날개가 되어 비상을 꿈꾸게 했죠. 덧붙여 의견까지 제시하더군요. "재학생들이 한곳에 머물지 않고 성장할 수 있는 길이 필요하다고 생각해요." 그것이 글쓰기 동아리를 만드는 계기가 되었어요.

젠틀하신 한승협 학부장님의 적극적인 지원과 유니온을 향한 기대가 우리에겐 큰 힘으로 작동될 정도로 동아리 탄생에 지대한 영향을 주셨고, 이에 힘입어 이정식 교수님은 유니온의 시작과 동시에 책을 내겠다는 강한 의지를 드러내셨어요. 그것도 '꽁꽁' 숨겨 놓아야 했던 가슴이 아린 우리들의 이야기를 말이에요.

강한 의지가 불꽃이 되어 교수님은 동아리 첫 수업부터 열정을 쏟아부으셨죠. 교수님의 강의는 소위 '넘사벽'이란 걸 첫 수업을 마친 회원들의 함박웃음을 보고 느낄 수 있었어요. 세 번째 수업은 이정식 교수님의 추천으로 오신 동아일보 김화영 기자의 '칼럼 쓰기'였어요. 김화영 기자의 강의는 '우리도 할 수 있다!'라는 자신감을 심어주었죠. 4학년 손길연 언니의 '제비'가 그렇게 탄생 되었고, 1학년 박양덕 언니의 숨겨진 가족사 '형부' 이야기는 자신을 드러낼 수 있는 용기를 주었어요. 박종남 언니의 암 투병 이야기엔 다 같이 한마음이 되어 눈시울 붉히기도 했고요. 우리는 보고 싶지 않고 꺼내기 힘들었던 과거의 자신을 글쓰기 수업을 통해 마주하였답니다. 그러면서 각자의 방법으로 용서하고 안아주며 아픈 상처를 치유하고 있네요. 지금 책 출간을 앞두고 기대도 가득하지만, 걱정도 그에 못지않아요. 각자 살아온 인생을 세상에 드러냄에 대한 부담감 때문이겠죠. 그 과정에 우리는 울고 웃고 때로는 분노하며 그렇게 유니온에서 교수님과 함께 하나가 되어 가고 있답니다.

교수님께서는 '골목 상인 분투기'를 집필한 베스트셀러 작가이셔요. 저의 당돌함이 인상에 남았었는지 본인의 책을 선물로 주더군요. 처음에 책을 받고는 감격에 겨워 집에서 표지만 한참을 보았죠. 다부진 외모와 다르게 다정한 말투의 교수님께서 주신 그 책은 너무도 소중했어요. 교수님은 대형마트 입점으로 길거리에 나앉게 된 지역 상인들에겐 한 줄기의 희망 같았어요. 부당한 일을 당해도 꾹 참아야만 하는 인권의 사각지대에 놓인 제 직업의 특성 때문인지 깊은 울림이 있더군요. 그 후 멘토가 되어 주신 교수님의 의견을 적극적으로 수용하며 교수님의 발자취를 따라가기 시작했어요.

무에서 유를 창조하듯 동영상에 관한 공부는 독학으로 한 달 만에 익혔고, 글쓰기 공부 또한 교수님이 쓰신 칼럼을 읽고 또 읽었답니다. 교수님의 가르침에 따라 글을 쓰기 시작했죠. 행복해서 쓰고, 우울해서 쓰고, 분노에 휩싸여 쓰고, 세상살이 참 힘들 때도 글쓰기를 멈추지 않았어요. 그러는 사이 주먹구구식의 비문만 가득한 예전의 글에서 서서히 탈피하고 있었어요. 글이란 내 머릿속에 있는 것을 손으로 마구마구 적는 것이 아니란 걸 그때 깨달았어요. 글은 제 안의 저와 만나는 유일한 도구가 되어 저를 위로해 주더군요.

얼마 전 골프장을 헤집고 다니다 다리를 다쳤네요. 하필 넘어진 곳이 과거 골절되어 크게 다쳤던 왼쪽 다리였어요. 아픈 다리를 부여잡으며 일해야만 했죠. 처음엔 괜찮겠거니 하고 진통제만 먹고 억지로 버틴 것이 화근이었어요. 일하던 도중 응급실로 실려 가야 했으니까요. 참을 수 없는 고통에 도저히 버틸 재간이 없더군요. CT 영상엔 골반 속에 있는 대퇴골이 괴사가 된 상태였어요. 그러고도 일을 강행했으니, 이 녀석도 주인 잘못 만나 고생한 거죠. 현재는 목발에 의지해야만 걸을 수 있어요.

시련은 끝없이 찾아와 나를 짓밟고 불행의 구렁텅이 속으로 집어넣으려고 해요. 하지만 저의 의지는 더욱 굳건하게 성장하더라고요. 그럴 수 있었던 것은 시련을 이길 면역이 생겼기 때문일 거예요. 그 면역이 글쓰기를 통해 찾은 제가 아닐까요?

우리는 누구나 오늘을 살고 있어요. 누구는 살아내고 있고, 누구는 살아가고 있으며, 또 누구는 잘살았다고 하는 이도 있을 거예요. 같은 하루, 같은 시간을 공평하게 부여받았지만, 느끼고 누리는 것은 각자의 몫이겠죠?. 어떤 길로 가든 그 길을 한 발, 한 발 내딛다 보면 목적지는 분명 나올 것이란 걸 알아요. 다시 목발에 의지하고 대퇴골 괴사가 진행되어 인공관절을 해야 하는 상황이지만 그것을 극복할 수 있는 면역이 있기에 오늘도 묵묵히 나의 길을 걸어갈 겁니다.

책 출간을 계기로 그동안 누구에게도 말하지 못한 가슴 속 종양으로 곪아가던 아픔을 용기 있게 세상에 드러낸 우리들의 이야기가 배움을 고민하고 갈망하는 많은 이들에게 큰 힘이 되기를 소망해요.

그동안 맘고생이 많았을 동아리 버팀목인 회장 조은하 언니, 정신적 지주인 글쓰기 튜터 김나경 언니, 총무의 역할을 훌륭히 잘 해내고 있는 이정례 언니 그리고 총괄 튜터인 나로부터 시작한 우리 집행부가 내딛는 이 발걸음이 앞으로 후배들에게 자그마한 빛이 되길 간절히 바라봅니다.

밤하늘의 어둠을 뚫고 유난히 빛나고 있는 별 하나
길잃은 자를 인도하는 길잡이가 되네.
머나먼 곳에서 자신을 불태워 그 빛으로
우리가 가고 싶은 길로 이끌고 있네.

 응원의 글

아픔을 승화시킨 통한의 용설란

부산여자대학교 사회복지학부장 | **한승협**

　꽃 중에 백 년 만에 한번 피는 꽃이 있다고 합니다.
　백 년 만에 한 번씩 꽃을 피우고 용의 혀를 닮았다고 해서 용설란이라고도 한답니다.
　꽃의 향기만 좋은 것이 아니라 그 모습도 너무 예쁘다고 합니다.
　꽃도 꽃 나름이라 벚꽃처럼 요란스러운 꽃도 있고 백일동안 붉게 피는 백일홍도 있으며
　할미꽃, 복수꽃, 제비꽃, 오랑캐꽃 등 수 많은 꽃이 제각각 때가 되면 자기를 피웁니다.

교육자라고 붙여진 이름을 가진 세상의 대부분 사람은 '학생은 공부를 잘해야 한다'라는 착각 속에서 살고 있습니다.

육십 년이 넘는 세월을 살아보니 특별한 직종에 종사할 몇몇을 제외하고 필부필녀의 평범한 인생을 사는 우리에게는 공부가 그리 소중하지 않다는 생각을 지우지 않고 있습니다.

여성들이 자기의 아픔을 드러내기는 쉬운 일이 아닙니다.

이렇게 자기의 진솔한 과거를 드러내서 많은 사람이 읽는 책으로 엮는다는 것은 용기가 크게 필요한 일이기도 합니다.

그래서 여기 글을 쓰신 열세 분 학생들은 어른으로 불러도 될 것 같습니다.

가끔은 어느 하나에 집중하다 보면 때를 놓치는 경우가 있습니다.

여기 글을 내신 열세 분의 작가는 가족의 아픔을 대신하거나 고달픈 세상의 거친 파도를 이겨내는 삶을 살아내기 위해 배움 시기를 놓치신 분들입니다.

이런 분들의 역경이 담긴 글이기에 크나큰 감동이 있어 이 책은 용설란과 같다고 생각합니다.

이분들의 글에는 시대의 아픔, 가족의 슬픔, 자신의 통한(痛恨)이 모두 들어 있는 하나의 역사서라는 생각까지 듭니다.

열 세분의 마음을 모아서 책을 엮어주신 이정식 교수님!

글쓰기 특강을 통해 학생들에게 꿈을 키워주신 김화영 기자님! 진심으로 감사드립니다.

독자 여러분께서 마음을 비워두고 글을 읽으시면 행복감이 밀려올 것입니다.

삶은 나를 찾는 당당함과 채움으로

사회복지학부 학회장 | 이수연

    가을은 아침・저녁으로 신선한 공기를 품고 성큼 다가오고 있는 듯하니 코스모스 한들거리는 들판을 거닐고 싶은 계절입니다. 주부로, 학생으로, 직장인으로 생활하기에도 바쁜 하루하루였을 텐데 자서전 출판을 진심으로 존경과 찬사를 보냅니다. 우리 학생들의 글을 읽으면서 여성으로서의 힘든 삶에 대한 고뇌와 현실에 대한 책임감을 통감하며 저 자신을 돌아보는 계기가 되었습니다.
    또한, 지난 삶을 글로 표현할 수 있도록 불을 밝혀 주시고 '유니온' 동아리 활동을 할 수 있도록 적극적으로 지원해 주신 한승협 학부장님과 지도해 주신 이정식 교수님께 진심으로 감사드립니다.
    책 속 주인공들의 지난 삶의 역경에 제 가슴이 찢기듯 아려와 그 감내하는 주인공들의 모습이 아직도 뇌리에서 잔상으로 머물 정도입니다. 못 배운 한이 얼마나 깊었는지, 누구도 돌보지 않는

잡초처럼 살다가 늦깎이 배움을 통해 스스로 꽃 같은 삶을 열어가는지의 과정은 사실적인 소설입니다. 책을 대하는 독자라면 함께 공감할 수 있는 깊은 울림을 느낄 수 있을 것입니다.

『개도 안 물어갈 이놈의 팔자』를 한 줄 한 줄 읽어 내려가며 숨이 턱턱 막힘을 느꼈습니다. 몇십 년을 몇 장의 글로 표현하기에는 정말 버거웠을 것 같습니다. 주인공은 어려운 환경에서도 힘든 삶을 잘 버티어 이제 당당한 여대생으로 인생 2막을 펼치며 스스로 '꿈을 꾸자'라고 했습니다. 사회복지사가 되어 가치 있는 삶을 살아갈 수 있도록 항상 응원하겠습니다.

『엄마를 빛나게 한 초록 거북이』 글을 읽으면서 여자는 약하지만, 엄마는 강하고 위대함을 느낄 수 있었습니다. 세웅이가 자라서 손과 목이랑 어깨를 주물러 줄 때의 행복은 엄마로서 당연하겠지만 자신 삶을 버리고 자식에 대한 헌신과 노력의 대가라고 해도 과언이 아닐 것입니다. 제 주변 지인들도 장애를 지닌 아이를 키우는 가정을 보고 있습니다. 말로는 표현할 수 없는 힘든 나날들을 보내고 있습니다. 안타까운 현실에 책임감을 느끼며 살아가고 있지만, 앞으로는 과거는 추억의 책장 속으로 담아 보내고 현실의 대학생으로서 미래의 사회복지사로서의 꿈을 펼쳐나가시길 응원합니다.

『졸업장의 의미』를 읽으면서 힘든 병마와 싸우는 와중에도 공부하려는 끈을 놓지 않고 이 자리에 계심에 큰 박수를 보냅니다. '서로 미워하고 증오하는 마음일랑 다 버리고, 선하고 좋은 마음들만 안고 살자. 미워하고 증오하고 찡그리면 그만큼 스트레스가 되어 병의 원인이 된다'라는 내용이 깊이 공감이 됩니다. 백 년도 못 사는데 우리는 현실에서 칭찬보다는 시기하고 질투하는 현실에서 따뜻한 격려의 말 한마디와 선한 마음으로 함께 하기를 진심으로 희망해 봅니다.

『세상은 꿈꾸고 행동하는 자의 것』이란 글을 읽으면서 '운명이란 태어났을 때부터 정해진 걸까?'라는 생각이 문득 뇌리를 스쳤습니다. 또한, 직업에 대한 인식이 우리나라에서는 바뀔 수 있을까? 진정한 자아를 찾을 수 있는 것이 대학이고 지적 성장을 이루게 하는 오늘을 사는 우리는 어제의 후회보다는 희망찬 오늘과 내일을 위해 한 발 한 발 내딛도록 하여야 하겠습니다.

『진정한 배움을 통해 참된 나를 찾자』를 읽고 필자는 누구보다도 며느리로, 아내로, 엄마로서 최선을 다하신 것 같습니다. '칭찬은 고래도 춤추게 한다'라는 말은 대통령도 될 수 있을 만큼 자신감을 심어주는 말입니다. 주변의 모든 분에게 칭찬을 아끼지 않도록 노력해야 함을 느꼈습니다.

그 외 다른 주인공들의 그 애환과 살아내고자 하는 절절한 몸부림을 토해내는 사연이 제 마음속에 자리 잡습니다. 주인공들은 역경을 배움 통한 깨달음으로 승화시키니 제 마음은 빨강, 파랑, 노랑 등 7가지 색의 띤 무지개가 되어 한 폭의 수채화가 됩니다. 이제야 희망을 이야기할 수 있을 것 같습니다.

이 책을 읽다 보면 함께 울다가 분노하면서도 가슴 한구석엔 따뜻한 온기가 퍼짐을 느낄 수 있을 것입니다. 우리 학우들의 절절한 사연에 우리 사회의 현주소뿐만 아니라 배움의 깨달음이 얼마나 큰 가치인지를 생각하게 될 것입니다. 배움의 목마름이 얼마나 가슴 깊이 뿌리내렸는지 살짝 엿보는 것만으로도 늦은 나이에 배움의 과정에 들어온 많은 이들에게 용기와 희망을 선사할 것입니다.

배움엔 끝이 없고, 끝없는 배움에 도전하고 나를 찾는 당당함과 나를 채워가는 인생 여정을 꿈꿔 보았습니다.

우리가 갈망하며 달려온 이유는

사회복지학부(경영전공) 학회장 | 이미경

예전에 볼 수 없었던 세상 콘크리트 빌딩들이 도시를 가득 메우고 그 속에서 우리는 목표 지점을 향해 경쟁하듯 달려가고 있다. 그러는 사이에 우리는 과거의 삶에도, 현재의 삶에도 늘 외로움이란 놈을 지니고 다닌다. 자신을 잃어버리고 휘청거릴 때, 생각한 대로 자신의 마음을 잘 통제하고 조절할 수 있다면 살아가는데 좀 더 편하게 살아가지 않았겠는가 하는 마음이 든다.

학우님들의 자서전을 통해 같은 시대를 살아온 너와 나, 우리들의 이야기 속으로 잠시 여행해 본다. 초록색 엷게 칠해진 둔탁한 책상, 콩나물시루 같은 교실, 까까머리 남학생, 단발머리 여학생 속에 '미래의 나'는 안중에도 없고 마냥 동심의 세계에서 뛰어노는 어린이들의 모습만이 스크린처럼 지나가 버렸다.

이 책은 인생의 어려움을 극복하며 세상 밖으로 나오기까지 삶의 다양한 경험을 통해 참된 나를 찾아 머나먼 여정을 그린 자전적 수필집이다. 책 속 주인공들은 단순하게 자신들의 삶의 행적과 고난만을 기록한 것이 아니라 그 속에서 발견한 작은 행복과 성장을 습식 수채화에 물감 터트리듯 그렸다.

독자라면 그 누구라도 공감할 수 있는 따뜻한 메시지로 전달돼 삶의 소중함과 진정한 배움의 힘이 얼마나 큰지 새삼스레 느낄 수 있을 것이다.

문득 지나온 그 시절이 그리워지면서 한편으로는 사연 속 주인공들이 성장할 수 있는 세상을 빨리 맛보았으면 어떠했겠느냐는 생각도 해보았다. 배움의 가치 그 끝은 무한대. 배움에는 나이가 없다고 했다.

나 또한, 뜻밖에 선배 언니로부터 배움의 기회를 가질 수 있는 선물을 받았다. 2년 전 어느 겨울날이었다. 모임을 같이 하던 언니로부터 부산여자대학교에 다닌다는 이야기 끝에 "언니 나이에 무슨 대학교에 다니냐"라고 물었다. 언니는 학교에 다니면서 늦다고 생각했는데, 막상 와서 보니 늦지 않았다며 삶의 생기도 찾고 덩달아 웃음도 찾을 수 있었다고 했다. 다만 조금 천천히 가면 된다며.

선배에게 묻게 된 것이 계기가 되면서 사회복지사가 되고 싶었던 차에 부산여자대학교에 입학했다. 공부하다 보니 언니 말이 가슴에 와닿았다. 주경야독으로 조금은 힘들었지만 알아가는 즐거움 또한 크다는 걸 새삼 느끼게 되었다. 하루하루를 소중히 여기고 그 속에서 의미를 찾는 방법과 그 의미를 찾는 것이 삶을 더욱 풍요

롭게 만들어준다는 걸 알았다. 삶의 소중함은 매일 어떻게 살아가느냐에 따라 달라질 수 있다. 평범한 하루 속에서도 자신이 가치 있는 존재임을 인식하고 작은 일에도 의미를 부여하는 마음가짐이 중요하다는 것을 다시 한번 깨닫게 되었다.

배움의 목마름, 학교 졸업장, 이 모두가 우리가 갈망하며 달려온 이유가 될 것 같다. 학교에 대한 로망은 새로운 친구를 사귀며 즐거움과 다양한 경험들이다. 이러한 것들을 통해 우리는 꿈을 이루는 데 필요한 힘과 용기를 받아 배움의 즐거움을 찾아 열심히 도전하고 또 하고 또 도전한다.

'파란 칠판과 하얀 분필로 영어 글자가 나비처럼 날아다닌다'라는 책 속의 표현이 아름다움을 담았고 '꿈을 향한 열정과 어려움 속에서도 포기하지 않고 긍정적인 마음을 유지한 모습'이란 표현도 인상직이다.

개인적인 경험일지라도 그 이야기를 통해 많은 사람이 자신의 해답을 찾고 긍정적인 변화를 만들어낼 수 있을 것이다. 또 이번 자서전을 통해 학우님들이 할 수 있다는 것을 보여주었고, 또한 성취를 기념하는 동시에 다른 사람에게 긍정적인 영향을 미칠 소중한 자산이 될 것이다.

앞으로 끊임없이 도전하며 더 많은 이야기를 써 내려가길 기원하며 여러분들의 여정이 많은 사람에게 용기와 희망 주기를 열렬히 응원한다.

나를 찾아서 역린의 마음을 극복하자

유니온 동아리 지도교수 | **이정식**

역린이란 단어가 있습니다. 용의 턱밑에 거꾸로 난 비늘을 뜻하는 말로, 그것을 건드린 자는 용의 노여움을 사 죽는다고 합니다. 역린을 사람들 사이의 일상적인 관계나 개인의 감정에도 적용할 수 있습니다. 사람들은 각자 마음속에 '꽁꽁' 숨겨둔 범접 불가하고 아주 민감한 부분이 있습니다. 자신만이 드러낼 수도 있고 숨길 수도 있는 이 마음을 역린이라고 할 수 있습니다. 이 역린을 잘못 건드리는 건 치명적이라 자칫 삶이 송두리째 흔들릴 수도 있습니다.

2학기 개강 후 첫 수업 시간에 학생들에게 두 가지의 질문을 했습니다. 첫 번째 질문은 이 세상에서 가장 미안한 사람을 뽑는 것이고, 두 번째 질문은 가장 고마워해야 할 사람을 뽑는 것입니다. 가장 미안한 사람과 가장 고마운 사람에 대한 학생들의 답은 제각

각입니다. 나름대로 다양한 이유를 대며 엄마나 남편 또는 아들 등을 거론합니다. 자신이 상대에게 못하여 준 데 대한 미안함과 자신이 받은 큰 사랑에 대한 고마움의 대상일 것입니다.

이번엔 학생들이 필자에게 같은 질문을 합니다. 가장 미안한 사람은 '만 15세의 나'라고 말하자 모두 의아한 듯 쳐다봅니다. '만 15세의 나'는 자신의 미래를 고민하는 중요한 시기입니다. 미래 설계, 고등학교 진학 문제 등을 치열하게 고민하며 매사에 전념해야 합니다. 당시 필자는 가난에 찌든 가정형편에 고민이 많았습니다. 어느 날, 어머니에게 "제가 차 사고로 세상을 떠난다면 보상금이 많이 나오니 우리 집 형편이 나아지지 않을까요?"라고 했습니다. 제 말을 들은 어머니는 망연자실한 마음에 저를 부둥켜안고 한참을 우셨습니다. 교통사고로 잃은 아이의 보상금으로 새로 집을 단장하고 논을 사들이는 걸 본 어린 마음에 든 생각이었던 겁니다. 어린 필자는 스스로 삶을 내팽개치는 듯 자신을 돌보지 않았습니다. 이 얼마나 못나고 어리석은 일입니까? 그래서 가장 미안한 사람은 '만 15세의 나'인 겁니다.

가장 고마워해야 할 사람은 '만 65세의 나'라고 답했습니다. 더욱 정진하여 '당당하고 자랑스러운 나'를 가꾸고 싶습니다. 지금껏 수많은 도전과 고난을 극복했듯이 앞으로 어떤 역경에 놓이더라도 꿈을 향해 나아가는 매 순간 최선을 다해 용기와 열정을 쏟아붓고 싶습니다. 그러려면 만 15세의 못났던 나의 과거를 인정해야 합니다. 그래야 비로소 나 자신을 존중하고 사랑할 수 있으며 미래의 시간도 귀하게 여길 수 있을 것입니다.

학생들에게 다시 "세상의 주인공은 누군가요?"라며 질문을 던졌습니다. 기다렸다는 듯이 한목소리로 "저요"라고 답합니다. 그렇습니다. 자신이 없다면 가족도 없듯이 먼저 자신을 진심으로 아끼고 사랑해야 가족도 이웃도 살피고 사랑할 수 있는 것입니다. 많은 이들이 남을 위로하고 사랑한다고 하지만 정작 허우적대는 자신의 마음은 돌보지도 않습니다.

요즘 '쓰담쓰담'이란 의태어로 표현한 신조어가 유행합니다. 자신을 위로한다며 양손으로 자기 가슴을 살며시 쓸어내리며 '쓰담쓰담'합니다. 좋은 방법입니다만 가슴 깊이 사무친 자신의 역린을 꺼낼 수가 없습니다. 우리는 숨겨왔던 자신의 과거를 누군가 알까 봐 전전긍긍하고 살고 있습니다. 차마 가족들에게도 말할 수 없는 것도 있습니다.

유니온 동아리에서 자전적 수필집을 출간하기로 했습니다. 내용은 각자 배움이 자신에게 어떤 의미인지, 또 꼭꼭 숨겨야 했던 가슴속 아픔을 글쓰기를 통해 도려내는 과정입니다. 지난날 짊어진 멍에를 글쓰기를 통해 벗어던지고 마음속에 쌓여 곪아만 가던 상처를 치유하는 과정입니다. 바로 자신을 찾아 마음속에 뿌리내린 역린을 치료하고 극복하는 길입니다.

1학기가 끝나자마자 학생들은 글쓰기 작업에 들어갔습니다. 필자는 13명의 예비 작가들과 방학도 없이 메일이나 카톡 등 SNS로 셀 수 없을 정도로 빈번하게 글 내용을 주고받았습니다. 어떤 예비 작가의 글은 많은 수정을 계속하다 보니 퇴고 작업이 수십 차례입니다. 예비 작가들은 글을 쓰면서 지난 일들을 떠올리다 보니 마음이 아팠을 겁니다. 나중에 전해 들은 이야기이지만, 어떤 분은 "왜 이런 글을 적게 해 이렇게 가슴이 찢어지도록 하는지 모르겠다"라며 적던 원고지를 집어 던졌다고 합니다. 또 가족들에게 숨겨온 내용이라 남편이나 아이들이 볼까 싶음에 밤늦게 글을 쓰기 시작해서 새벽에야 끝내곤 했다고 합니다. 그야말로 예비 작가들의 마음은 비에 적어 찢긴 종이처럼 너덜너덜해진 상태였을 겁니다.

 글쓰기 작업이 일단락되며 예비 작가들과 함께 범어사 근처 식당에 모여 글 내용을 공유하는 날이었습니다. 돌아가며 글을 쓰던 과정을 이야기하다 보니 그 넓은 자리가 어느새 눈물바다로 변했습니다. 서로 마음에 있는 걸 죄다 드러내어 말하니 공감되는 마음에 모두 울컥 눈물이 쏟아졌던 겁니다. 그렇게 퇴고 과정을 거치며 서로 웃고 울었습니다.

 책 제목을 선정할 때입니다. 선정된 제목은 아니지만, 자신들의 삶을 그대로 표현하고 싶은 제목인 듯합니다. '수채화로 그려낸 우리들의 이야기'는 글뿐만 아니라 인생 또한, 아름답게 그리고 싶은 간절한 마음이 아닐까 짐작됩니다. '이놈의 개도 안 물어 갈 팔자'란 제목은 기구한 삶에 대한 회한을 진하게 적은 듯합니다. 무엇보다 눈에 확 와닿은 제목은 '희생 같은 소리를 하고 있네. 너나 행복해라'란 제목입니다. 평생 희생을 강요당한 자신의 처지를 생동감 있게 묘사한 목소리로 느껴져 마음이 찡했습니다.

글쓰기는 자신을 치유하는 과정이고 멍에를 벗어던지는 과정입니다. 이제 작가들은 남의 마음만 살피며 자신을 숨죽여 살아오던 방식을 탈피하고 당당히 살아가리라 여겨집니다. 그 치유의 힘은 글쓰기에서 나온다고 필자는 믿습니다. 작가들은 수 없는 수정 과정을 거치며 가슴속 찌꺼기가 울분과 분노로 토해내면서 더욱 강건해졌을 겁니다. 세상을 살다 보면 누구에게나 드러내기 어려운 역린이 있습니다. 그 역린을 세상에 당당히 드러내는 건 엄청난 용기가 필요합니다. 특히, 평생 그 누구에게도 보여주고 싶지 않은 여성의 삶에서는 더욱 그럴 것입니다.

지극히 작은 일에도 최선을 다한다면 변화가 시작될 수 있습니다. 지극히 당연하고 작은 일은 다름 아닌 자신을 헤아리는 것부터입니다. 자신의 지난 삶을 인정하고 현재의 마음을 잘 살핀다면 변화는 시작되는 것입니다.

책 출간을 통해 지난 삶을 돌아보면서 가슴속 옹이 진 상처를 털어내고 삶의 궤적을 인정한 열 세분의 작가분들에게 진심으로 축하와 존경의 마음을 전합니다. 혼신으로 자신의 마음을 헤아리고 스스로 품위를 지킨다면 그 가치는 더할 것입니다. 이러한 작가들의 큰 울림이 널리 퍼져 사회적인 메시지로 남았으면 하는 소망입니다.

마지막으로 학생들의 의식을 함양하고 역량을 강화하고자 자발적으로 만들어진 '유니온' 동아리에 지대한 관심을 쏟으며 책이 출간되도록 물심양면으로 힘써준 한승협 교수님에게 감사함을 표

합니다. 또한, 학생들의 글이 세상이 나오도록 출판을 허락해준 동문사의 이중수 대표님, 유재영 상무님 그리고 편집에 전념한 남혜주 편집장님에게 고마움을 전합니다.

쉿! 내안의 숨은 페이지들

초판 1쇄 인쇄 / 2024년 11월 20일
초판 1쇄 발행 / 2024년 11월 25일

지은이 / 조은하·이경희·김미옥·이정례·박종남
  김해연·김나경·박양덕·손길연·김명희
  배미경·조정자·김현숙
출간지도 및 감수 / 이정식
발행인 / 이중수
발행처 / 동문사

서울특별시 서대문구 홍제원 1길 12
(홍제동 137-8)
Tel: 02)736-3718(대), 736-3710, 3720
Fax: 02)736-3719
등록번호: 1974.04.27 제9-17호
가격: 16,500원

ISBN: 979-11-6328-626-4 (03810)
E-mail: dong736@naver.com
www.dongmunsa.com

저자와의 합의하에 인지는 생략합니다.